KB058078

리스펙트 유일한

당신을 비추어 우리의 오늘을 그립니다

연
만
희
회
고
록

연만희회고록발간위원회 엮음

SIGONGSA

"

눈으로 남을 볼 줄 아는 사람은 훌륭한 사람이다.

그러나 귀로는 남의 이야기를 들을 줄 알고

머리로는 남의 행복에 대하여 생각할 줄 아는 사람은

더욱 훌륭한 사람이다

—유일한 어록 중에서

"

리스펙트 유일한

Respect New Il Han

연만희 회고록

보건장학회 집무실에서 연만희 이사장.

'유일한 정신'으로 '유한 거버넌스' 발전을 위하여

　　　　　유일한 박사님! 그립습니다. 보고 싶습니다. 눈물이 납
니다. 그래서 붓을 들었습니다. 요즘은 박사님이 자주 꿈에 나타납
니다. 제가 서른한 살이던 1961년, '좋은 기업'이라는 한 친구의 추
천으로 유한양행에 입사해서 박사님을 만난 것이 엊그제 같은데 벌
써 60년의 세월이 더 지나갔습니다. 제가 박사님을 모신 기간은 딱
10년입니다. 1961년 입사해서, 1971년 3월 11일 유일한 박사가 세상
을 떠나실 때까지 그 10년은 저 연만희에게 하늘과 땅이 새로 열리
는 천지개벽天地開闢의 기간이요, 또한 하늘과 땅이 새로이 만들어지
는 천지창조天地創造의 세월과 같았습니다. 저 연만희는 박사님을 조
우하사와 참으로 많은 것을 배웠습니다. 1961년 유한양행에 들어가
서 1969년 상무이사가 되었고, 박사님이 돌아가신 후에도 1976년
전무이사, 1982년 유한스미스클라인 사장을 역임 후 1987년 다시
유한양행 부사장으로 컴백했고 1988년 대표이사 사장이 되었지요.

그 후 1993년 유한양행 회장을 거쳐 1996년부터 2021년까지 이사장, 고문 등에 임명되어 통산通算 60년을 유한에서 근무했습니다. 1993년 대표이사 회장에 취임하면서 유일한 박사께서 이루신 유한의 역사에 누累가 되지 않도록 많이 고민하고, 또한 유한 100년의 미래를 위한 기반을 다지도록 노력을 다해왔습니다. 저 개인적으로는 무한한 영광과 함께, 유한의 후학들이 '유일한 정신'을 지키도록 청지기 역할을 묵묵히 수행해왔다고 생각합니다.

1971년 박사님이 서거하신 후에도 '신용과 정직'이라는 '유일한 정신'의 모토를 지키고 발전시켜나감에 있어 불의와 타협한 일이 단한 번도 없었음을 오늘 이 책을 펴내면서 자신 있게 말씀드릴 수 있을 것 같습니다. 1971년 이후에는 박사님의 따님인 유재라 여사가 유한재단 이사장과 유한양행 비상근이사를 역임하면서 유한의 미래에 대해서 격의 없이 논의했고, 1990년 말 미국에서 치료 받던 유재라 여사가 미국 시애틀에서 마지막으로 유한의 미래에 대해 논의하면서 "연만희를 믿고 떠난다"고 한 당부의 말씀이 지금도 기억에 생생합니다.

그 후에는 박사님의 손녀인 유일링이 유한재단과 유한학원에서 이사를 역임하면서 박사님의 철통 같은 '유한 거버넌스governance'의 지침에 따라 박사님의 창업 및 설립정신을 잘 이해하고, 유한양행의 소유와 경영의 분리에 따른 전문경영인 체제를 확립코자 노력하였습니다. 경영에 직접 참여하지는 않고 있지만 성실하고 정직하게 청지기 역할을 수행하고 있는 유일링을 보면서 큰 보람을 느낍니다.

'리스펙트' 유일한 박사님! 역사학자 에드워드 카^{Edward Carr}는 과거의 빛을 통해 현재를 바라보고, 현재의 빛을 통해 과거를 바라보되, 또한 다시 미래를 전망하는 전체적이며 종합적인 조망을 가져야 한다고 말했습니다. 과거의 빛인 유일한 박사를 통하여 오늘을 바라보고, 오늘의 빛을 통하여 다시 과거를 돌아보되, 다가오는 2026년 유한양행 100주년을 앞두고 우리 유한맨들이 똘똘 뭉쳐 유한의 미래를 조망해보자고 감히 제안해봅니다.

이 책이 과거의 빛인 유일한 박사의 '유일한 정신'을 오늘에 되새겨보고 내일을 전망하는 유익한 참고자료로 쓰이기를 바라면서, 존경하는 '리스펙트 유일한' 박사님! 오늘 때마침 유한양행 창립 97주년(1926~2023년)을 맞이하는 이날까지 저 연만희에게 '유일한 정신'을 지켜오느라고 수고 많이 했다고 칭찬해주십시오. 감사합니다.

2023년 6월 20일
연만희

'유일한 정신'의 스테이츠맨

귀貴한 자료다. 이 책은 유한양행 창업자 유일한 박사 (1895~1971년)의 생애 마지막 10년을 지근거리에서 모신 연만희 유한양행 전 회장의 회고록이다. 그러나 이 회고록은 일반적인 회고록과는 다르다. 연만희 전 회장의 회고록이라기보다, 연만희가 회고하는 유일한 박사의 이야기다. 이와 비슷한 회고록이 전혀 없는 것은 아니다. 세기의 경영학자 피터 드러커P.F. Drucker 박사는 자신의 회고록 『방관사의 시대Adventures of a Bystander』에서 "이 책은 나의 시대사, 나의 자서전이 아니라 나의 인생에 영향을 준 인물을 쓴 것이며, 따라서 이 책은 나의 책이 아니고 나는 반주자伴奏者에 지나지 않는다"고 말했다. 연만희 전 회장의 입장도 똑같다. 이 책은 연만희의 시대사, 연만희의 회고록이 아니라 연만희의 인생에 결정적인 영향을 준 유일한 박사와 유일한 정신의 이야기이고, 연만희 자신은 반주자일 뿐이라고 말을 낮춘다.

1961년 유한양행에 입사해, 유일한 박사를 모시면서 '유일한 정신'을 배우고, 지키고, 발전시켜야 한다는 사명감을 갖고 있는 연만희 전 회장은 당초 '존경하는 유일한 박사'라는 제목으로 원고를 작성했으나, 집필진의 요청으로 『리스펙트 유일한Respect New Il Han』으로 제호를 바꿨다.

'천망회회 소이불실天網恢恢 疎而不失'라는 말이 있다. 저 하늘의 그물망은 너무 커서 뻥 뚫린 것처럼 보이지만, 하늘은 하나도 놓치지 않고 선악善惡을 가린다는 뜻이다. 연만희 전 회장과 유일한 박사의 만남도 지상地上에서의 인연이 아니라 어쩌면 천상天上에서의 인연처럼 보인다. 유일한 박사의 생애 마지막 10년(1961~71년)을 유한양행에서 '운명'처럼 모시게 되고, 1971년 유일한 박사가 서거하자 유언집행인으로 참여했으며, 나아가서 유일한 박사의 따님인 유재라 여사의 유언집행인 역할까지 맡았으니, 이를 어찌 천명天命이 아니라고 말할 수 있으리오!

지은이는 '유일한 정신'도 위대하지만, 유일한 정신이 꽃을 피우게 되기까지에는 따님인 유재라 여사와 손녀 유일링 등 직계 가족들의 배려와 양보도 큰 역할을 했다고 증언한다. 유한양행, 유한재단 등에서 사장, 회장, 고문, 이사장 등 '60년 기업인생(1961~2021년)'을 마감한 지은이는 현재도 유일한 박사가 설립한 보건장학회 이사장으로 봉사하고 있다.

이 책의 하이라이트는 또한, 연만희 전 회장의 주도하에 유일한 박사의 '유일한 정신'을 기초로 하여 완성시킨, 유한양행의 선진 '기업지배구조 시스템'이다. 이는 비단 유한양행뿐만 아니라, 선진 기업지배구조 시스템을 도입코자 하는 우리나라의 모든 기업인들에게 참고자료로 추천코자 한다.

유한의 제1대 유일한 박사, 제2대 유재라 여사, 제3대 유일링 손녀에 이르기까지 유한의 창업자 패밀리 3대가 모두 오늘에 이르기까지 연만희 전 회장을 믿고, 신뢰하고, 따르고 있다는 것은 무엇을 뜻하는가? 연만희 전 회장이야말로 '유일한 정신'을 지키고 보완하고 발전시키는 '유한의 스테이츠맨statesman'이라고 확신한다.

끝으로 이 책이 2026년 6월 20일 유한양행 100주년 기념일을 앞두고 '유일한 정신'의 정본正本으로 활용되기를 기대하며, '리스펙트 유일한'에 이어 또 다른 '리스펙트 어나더맨another man' 그리고 '리스펙트 연만희'와 같이 유한의 '리스펙트 시리즈'로 발전하기를 바란다. 역사학자 토인비Arnold Toynbee가 말했듯이, 문명이란 "정박하지 않고 항해하는 것"이기 때문이다.

2023년 6월 20일

연만희회고록발간위원회

유일한 박사

제이·엠·에쓰(J. M. S., 조만식)

평양서 나신 인격의 그 당신님, 제이·엠·에쓰
덕 없는 나를 미워하시고
재주 있던 나를 사랑하셨다
오산 계시던 제이·엠·에쓰
십 년 봄 만에 오늘 아침 생각난다
근년 처음 꿈 없이 자고 일어나며.

얽은 얼굴에 자그만 키와 여윈 몸매는
달은 쇠끝 같은 지조가 튀어날 듯
타듯하는 눈동자만이 유난히 빛나셨다.
민족을 위하여는 더도 모르시는 열정의 그님,

소박한 풍채, 인자하신 옛날의 그 모양대로,
그러나, 아아 술과 계집과 이욕에 헝클어져
십오 년에 허주한 나를
웬일로 그 당신님

맘 속으로 찾으시오? 오늘 아침.
아름답다, 큰 사랑은 죽는 법 없어,
기억되어 항상 내 가슴 속에 숨어 있어,
미처 거츠르는 내 양심을 잠재우리,
내가 괴로운 이 세상 떠날 때까지.

김소월 시인이 평양 오산학교에서 공부하던 시절, 우러러 존경한 조만식 교장 선생에게 바치는 헌시(獻詩)다. 소월 시인은 독립운동가 조만식 선생을 애절하게 그리며 그의 영문 이니셜을 따 「제이·엠·에쓰」란 시를 썼다. 1883년 평양에서 출생, 1930년대 조선일보 사장을 지내기도 한 조만식 선생은, 1895년 평양에서 태어난 유일한 박사와는 동향인이다.

엔·아이·에이치(N. I. H.,유일한)

평양서 나신 인격의 그 당신님, '엔·아이·에이치' 유일한 박사님
울뚝뱀 고집불통인 나를 미워하셨을지 모르나
정직한 나를 아껴주셨다
대방동 뒷동산에 홀로 계시던 엔·아이·에이치 박사님
서거 후(1895~1971년) 오십이 년 봄 만에 오늘 아침 생각난다
근년 처음 꿈 없이 자고 일어나며.

만면에 주름살 지은 얼굴에 작아지신 키와 여위신 몸매는
달은 쇠끝 같은 지조와 정직 튀어날 듯
타듯히는 눈동자민이 유난히 빛나셨다.
대한민국을 위하여는 더도 모르시는 열정의 그님,

소박한 풍채, 인자하신 옛날의 그 모양대로,
그러나, 아아 세상살이에 옹졸하고 울뚝뱀에 헝클어져
십 년(1961~71년)에 허주한 나를
웬일로 그 당신님

맘 속으로 찾으시오? 오늘 아침.

아름답다, 큰 사랑은 죽는 법 없어,

기억되어 항상 내 가슴 속에 숨어 있어,

미처 거츠르는 내 양심을 잠재우리,

내가 괴로운 이 세상 떠날 때까지.

지은이 연만회가 우러러 존경하는 유일한(New Il Han) 박사에게 바치는 헌시다. 지은이는
유일한 박사의 마지막 10년을 보좌하면서 체득한 '유일한 정신'을 지키고 계승하고 발전시
켜야 한다는 애절한 마음으로 이 헌시를 썼다. 1895년 평양에서 태어난 유일한 박사는 평
양에서 태어난 애국자 조만식 선생과 동향인이다.

1964년 유일한 박사와 함께. 왼쪽부터 연만희 총무과장, 유일한 박사, 백대현 사장(9대).

1969년 유일한 박사와 함께. 앞줄 왼쪽부터 김학수 유한양행 부사장, 조권순 사장, 유일한 박사, 뒷줄 왼쪽부터 박장원 감사, 서낭석 상무, 연만희 상무.

유일한 박사와 노벨문학상 수상자이자 『대지』의 작가 펄벅(Pearl Buck) 여사.

유일한 박사.

왼쪽부터 연만희 유한양행 고문, 유일한 박사 아들 유일선, 손녀 유일링.

2019년 유일한 박사 48주기 추모식에서. 왼쪽 세 번째부터 연만희 유한재단 이사, 한승수 유한재단 이사장, 유일링 유한학원 이사.

유일한 박사 묘소에서.

차　례

●──── 유일한 정신과 유일한 학

"

1961년 입사해서,

1971년 3월 11일 유일한 박사가 세상을 떠나실 때까지

그 10년은 저 연만희에게

하늘과 땅이 새로 열리는 천지개벽의 기간이요,

또한 하늘과 땅이 새로이 만들어지는 천지창조의

세월과 같았습니다.

"

"

1993년 대표이사 회장에 취임하면서

유일한 박사께서 이루신 유한의 역사에

누가 되지 않도록 많이 고민하고,

유한 100년의 미래를 위한 기반을 다지며,

유한의 후학들이 '유일한 정신'을 지키도록

묵묵히 수행해 왔습니다.

"

미켈란젤로의 〈천지창조〉 중 〈아담의 창조〉 부분.

그뤠잇 비즈니스맨
Great Businessman

유일한 박사를 성인군자와 같은
젠틀맨의 이미지로만 기억하고 있으나
그는 가장 전투적이고 모험성이 강한
'그뤠잇 비즈니스맨'이었다.

생각의 신

■■■■■■■■■ 영국의 시인 워즈워스William Wordsworth는 이렇게 말했다.

생각은 높게, 생활은 낮게!

1960년대 당시 서울 대방동에 소재한 유한양행 본사 뒤편에는 야트막한 뒷동산이 있었다. '리스펙트 유일한'의 주인공인 유일한 박사는 유한양행 본사 뒤에 자리한 당신의 자택에서, 늘 유리창문 아래로 내다보이는 유한양행 사무실(서울 동작구 노량진로 74 유한양행빌딩)을 바라보며 명상에 잠기곤 하셨다. 1960년대 후반, 창밖으로 낙엽이 떨어지던 어느 날, 유일한 박사에게 넌지시 여쭤보았다.

지금 낙엽을 보고 계신가요?

잠시 침묵이 흘렀다.

지금 무슨 생각을 하세요?

잠시 후 유일한 박사는 만면에 미소를 지으며 이렇게 말씀하셨다.

미스터 연! 지금 이 시간이야말로 나에겐 가장 행복한 순간이네. 미
스터 연도 일에만 매몰되지 말고, 때로는 심사숙고하는 시간을 가
져보세요! 일을 하는 사나이들에게는 때때로 깊게 생각하는 시간
이 꼭 필요하지.

그로부터 60년의 세월이 흐른 지금 나는 "기업인은 물론 모든 지
도자들에게는 생각하는 시간이 꼭 필요하다"는 것을 알았다. 사색의
시간이 빠진 공간에서는 어떠한 좋은 판단도, 결정도 나올 수 없다
는 유일한 박사의 그 깊은 뜻을 지금은 알게 된 것이다. 오늘 책상머
리에 있아 당신을 생각하며 이 글을 써내려가면서, "사색하는 시간
을 가져보라"던 당신의 당부를 생각한다.

오랫동안 꿈을 그리는 사람은, 결국 그 꿈을 닮아간다He who has
dreamed for long resembles his dream.

오랫동안 꿈을 꾸는 사람은 그 꿈이 현실로 이루어진다는 말이다.

프랑스의 소설가이자 문화부장관을 지낸 앙드레 말로André Malraux가 한 말이다. 나 역시 어느 순간 의식적으로든 무의식적으로든 '리스펙트 유일한' 박사를 닮아가고 있었고, 따라서 모든 사물을 심사숙고하는 습관이 생겼다.

나는 행복한 사람이다. 유일한 박사를 가장 가까운 시공간時空間에서 딱 10년 동안 모시며 이 세상 어디서도 배울 수 없고, 찾을 수 없는 값진 교훈을 얻었다.

사색은 높게, 생활은 낮게!

유일한 박사는 언제나 변함없이 낡은 구두를 신고, 점심도 자장면을 시키고, 비행기를 타고 일본에 다녀올 때도 일등석보다는 일반석을 즐겨 타셨다. 생활을 낮게 하는 정신이 몸에 배셨다. 거듭 말하지만 당신께서는 생활은 낮게 하되, 생각만은 드높으셨다.

기업의 소유주는 사회다

━━━━━ 유일한 박사는 "기업의 소유주는 사회다"라는 선구적인 말씀을 남겼다. 이것은 유일한 박사의 확고한 경영철학이다. 요즘은 많은 사람들이 "기업의 소유주는 사회다"라고 쉽게 말들을 하지만, 이를 처음으로 실천한 사람은 유일한 박사가 '유일한only' 분이라고 생각한다. 1961년 내가 유한양행에 입사해, 1971년 유일

한 박사가 서거하시기까지 10년이라는 기간 동안 귀가 닳도록 들었던 말씀이 바로 이 "기업의 소유주는 사회다"라는 열 글자다. ESGEnvironmental, Social and Governance가 화두인 지금 "기업의 소유주는 사회다"라고 하면 모든 사람들이 수긍은 하겠지만, 1960년대 초 한국 자본주의가 막 시동을 걸던 그 시대부터 "기업의 소유주는 사회다"라고 역설하신 것을 보면, 유일한 박사는 우리나라는 물론 전 세계를 통틀어 정말로 선구자이시다.

이는 한국 자본주의 발전사에서도 기념비적인 사건이겠지만, 나아가서 세계 자본주의 발전사에 있어서도 선구적인 발언이 아닐까?

내가 고려대학교 경제학과를 졸업하고 유한양행에 입사하던 1961년의 시대정신은 무엇일까? 당시 박정희 정부(1961~79년)가 들어선 무렵은, 한국을 방문했던 개발경제학자이자 케네디 대통령의 경제고문인 로스토Walt Whitman Rostow 교수가 "한국경제는 이륙離陸, take off의 단계에 들어섰다"고 말할 정도로, 경제개발시대가 활짝 열리던 시대였다. 시대정신으로 말할 것 같으면, 나는 제1차 경제개발 5개년 계획(1962~66년)이 시동되던 1961년 유한양행에 들어가서 '운명'처럼 유일한 박사를 만났다.

유일한 박사에 관해서는 너무나 많이 알려져 있지만 또한 아무도 모르는 중요한 이야기가 아직도 너무나 많다고 나는 생각한다. 나아가서 유일한 박사가 생각하고 판단하고 결정하는 방식 등을 이해하지 못하는 후학들이 '유일한 정신'을 말하는 것은 맞지 않다고 생각한다.

유일한 박사는 일찍이 아홉 살에 혈혈단신子孑單身 미국으로 건너가 '라초이식품회사'라는 벤처기업을 운영하다가 요즘 표현으로 하면 가장 성공한 젊은 벤처기업가로서 조국에 돌아왔다. 그리고 1926년 6월 20일 "건강한 국민, 병들지 아니한 국민만이 주권을 누릴 수가 있다"며 유한양행을 창립하셨다. 그런 유일한 박사를 훗날 모시게 되었으니 나야말로 '시대의 행운아'가 아닐까?

나는 고려대학교 경제학과를 졸업하고 당시 가장 선구적이고, 가장 혁신적인 기업이었던 유한양행에서 일하게 되는 '운명'과 만나게 되었다. 유일한 박사라는 가장 애국적이고 가장 세계적인 시대적 위인偉人을 만나, 그의 총애와 지도 아래 "기업의 소유주는 사회다"라는 선진 경영철학을 전수받으며 일찍부터 광활한 세계관을 배울 수 있었던 것은 지금도 감사드린다. 나아가 유일한 박사가 미국에서 몸소 배운 선진 제약회사의 선진 경영시스템까지 익힐 수 있었으니, 이 모든 행운은 내가 만든 것이 아니라 하나님의 은총이시고, 어머니의 자애이시고, 유일한 박사의 덕분이라고 생각하며 지금도 감사드린다.

유일한 박사와의 운명적인 만남의 뒤에는, 나의 어머니가 가르쳐주신 "정직하게 살라"는 '진실'이 있었고, 이는 유일한 박사가 가장 중시하는 '정직'이라는 키워드와 동화되어 내 인생을 유한양행에 맡기게 되었던 것은 '사실'이다.

정직이야말로 유한의 영원한 전통이 되어야 한다 Integrity should be the everlasting tradition of Yuhan Corporation.

1930년생인 내 인생의 황금기, 서른한 살부터 마흔한 살까지 모셨던 유일한 박사는 어떤 분인가? 훗날 내가 유한양행 회장을 지낼 때 발간한 유일한 박사 탄생 100주년 기념 책『나라 사랑의 참 기업인 유일한』간행사에서「제약산업을 통한 건강입국」이라는 제목으로 나는 이렇게 썼다.

유한양행 창설자인 유일한 박사(1895~1971년) 탄생 100주년을 맞이하여 그가 이룩한 나라 사랑의 큰 뜻을 기리고, 그의 철학과 실천의 지를 오늘에 되살려봄으로써, 그 의미를 새롭게 조명하고자 이 '유일한 전기'를 간행하게 되었습니다.

유일한 박사가 태어난 구한말에서 일제의 암흑기, 근대화의 여명기, 그리고 현대에 이르기까지의 100년이야말로 우리 역사에서 가장 치열한 격동과 변화의 시대였습니다.

이러한 암울한 과도기 시대를 헤치며 유일한 박사는 지혜와 용기와 통찰력으로 한 시대를 앞서는 선각자적인 삶을 살다 가셨습니다.

먼저 우리는 모범기업인의 표상表象으로 유일한 박사를 기억하고 있습니다. 당시 일제치하에서 가난과 질병으로 신음하고 있는 이 민족을 위하여 "건강한 국민만이 잃었던 주권을 되찾을 수 있다"는 신념으로 제약산업을 통한 건강입국健康立國의 의지를 실천에 옮기셨습니다.

유일한 박사는 제약업계 최초의 기업공개로 자본과 경영을 분리하였으며, 우리나라 최초의 종업원지주제 채택, 혈연관계가 없는 전문경영인에게 경영권을 이양하는 등 선진 경영기법을 이 땅에 도입한 탁월한 기업인으로 칭송받고 있습니다.

더구나 고인의 일생은 단순한 기업인의 범주에 머물지 않고, 일제에 항거한 독립운동가로서, 각종 공익사업과 전 재산의 사회환원을 실천한 사회사업가로, 또한 장학 및 교육사업을 펼친 교육가로서, 사회의 여러 분야에서 헌신적인 나라 사랑의 뜻을 구현하셨습니다.

이와 같이 유일한 박사는 그 일생을 통하여 값진 삶을 사셨으며, 민족과 국가에 최대의 봉사를 하였고, 알찬 정신과 올바른 경영이념을 남기고 간 모범적인 기업가입니다.

그가 기업인이면서 교육가, 사회사업가, 독립운동가로 평가받는 것은 너무나 당연한 일이라 하겠습니다.

엄청난 변화와 치열한 경쟁의 시대를 살아가는 오늘날, 우리 사회와 경제의 앞날을 조망해볼 때, 우리는 유일한 박사의 지혜와 용기를 떠올리게 됩니다.

우리는 흔히 유일한 박사를 성인군자 같은 신상神商의 이미지로 기억하고 있습니다. 그러나 그것은 유일한 박사의 단면일 뿐, 가장 전투적이고 가장 강인하며 모험성도 마다하지 않는 스케일이 큰 기업인이었음을 알고 있습니다.

지금으로부터 60년 전에 유일한 박사는 세계시장에 눈을 돌려 만주의 봉천, 대련, 천진, 중국 상해, 타이베이 및 베트남 등에까지 기업세력을 확대하는 등 민족기업의 위상을 드높였습니다.

또한 일제의 심한 탄압과 압력에도 굴하지 않고 당당히 그들과 맞서 한국인의 기개를 한껏 과시하였습니다. 고인의 50년의 기업활동을 통하여 실천한 '좋은 상품의 생산', '정직한 납세', '기업이윤의 사회환원'은 유한양행의 기업이념으로 뿌리내렸으며, 그의 애국적 활동, 기업정신, 교육 및 사회사업활동은 초등학교 교과서에 소개될 정도로 높은 평가를 받고 있습니다.

리스펙트 유일한

Respect New Il Han

유일한 박사는 "건강한 국민, 병들지 아니한 국민만이
주권을 되찾을 수 있다"는 신념으로 유한양행을 설립하게 되었다.

관찰과 사색

세기의 경영학자 피터 드러커 박사는 자신의 회고록 『방관자의 시대』에서, "이 책은 나의 시대사도, 나의 자서전도 아니고, 나 자신은 단지 반주자에 지나지 않는다"라고 말했다.

나도 똑같이 말하고 싶다. 드러커 박사가 말한 것처럼 나의 이 책 또한 '연만희 시대사'도, '연만희 자서전'도 아니라고 말하고자 한다. 이 책의 후반부에서 나에 대해 간단히 썼지만, 그것은 주로 나의 인생 전개에서 만난 유일한 박사와 유한양행과 관련된 내용을 기술한 것이다. 그런 의미에서 이 책은 거듭 말하지만 연만희 개인의 책이 아니라, 오로지 연만희가 존경하는 '리스펙트 유일한' 박사의 이야기다.

이 책을 쓰면서 나는 유일한 박사와 드러커 박사의 공통점을 발견할 수 있었다. 드러커 박사는 『방관자의 시대』에서 자신의 선견력과 통찰력은 '관찰하는 능력'에서 비롯되었다고 말하는데, 이는 유일한 박사의 '사색하는 능력'과 일맥상통한다.

나는 예언을 한 적이 없다. 나는 그냥 창밖을 내다보고 눈에 띄는 것을 바라볼 뿐이다. 아직은 남들의 눈에는 분명하지 않은 것들을 말이다.

드러커 박사의 이 말은 어쩌면 이렇게 똑같을까. 1960년대 후반의 어느 가을날, 유일한 박사가 창밖을 바라보면서 나에게 하신 말씀과 그대로 오버랩된다.

미스터 연! 리더들에겐 때때로 심사숙고하는 시간이 필요한 법일세. 나는 지금 창밖을 내다보며 남들의 눈에는 분명하지 않은 유한양행의 내일을 그려보고 있네.

방관자가 되지 않기 위하여

━━━━━━━ 나아가서 드러커 박사는 『방관자의 시대』에서 '역사의 방관자, 시대의 방관자'가 되어서는 안 된다고 강조했다. 나 역시 같은 생각을 한다. 드러커 박사가 말한 것처럼, 역사의 방관자가 되는 것은 역사의 발전을 가로막는 것이 되지 않겠는가? 그래서 언젠가는 유일한 박사에 관한 책을 꼭 써야겠다고 결심했다.

‘유일한 정신’의 마지막 증언자로서, 유일한 정신을 현장에서 배울 수 없었던 후학들에게 ‘사실과 진실’을 전해야 한다는 강한 의무감을 느꼈다.

　역사의 서술에는 사실^{fact}과 진실^{truth}이 중요하다고 나는 생각한다. ‘사실’이 어떤 일이나 사물에서 일어나는 현상 그대로를 뜻한다면, ‘진실’이란 어떤 일이나 사물을 관찰하는 사람의 ‘관점’이라고 생각한다. 『리스펙트 유일한』을 집필하는 나의 마음속에는 오직 이러한 ‘사실과 진실’에 의해서, 명명백백한 글을 써야 한다는 강한 책무감이 자리 잡고 있다. 유일한 박사에 관한 글에서 어찌 내가 사실과 진실에서 벗어날 수 있겠는가?

　여기서 유일한 박사에 관한 글을 쓰겠다고 결심하게 된 동기를 밝혀보겠다. 무엇보다도 나는 유일한 박사를 모시고 일한 마지막 증언자로서, ‘유일한 정신’의 본질을 제대로 알리자는 것이 기본 목적이다. 다시 말하면 유일한 정신의 본질이 무엇인지를 잘 모르면서 ‘유일한 정신’을 내세우며, 유일한 정신의 본질에서 벗어나는 일이 있어서는 안 되겠다는 충정에서 비롯된 것이다. 예컨대 유일한 박사는 자신의 성인 유씨^{柳氏}를 일반적으로 통용하는 ‘유(Yu 또는 Yoo)’라고 표기하지 않고, 왜 영어인 ‘New’라고 표기했을까. 이 ‘뉴^{New}’에는 깊은 뜻이 있다. ‘오늘도 혁신하고, 날마다 혁신하고, 다시 한 번 더 혁신하자^{日新日日新又日新}’는 생각에서 ‘뉴^{New}’라고 표기했다는 말을 박사님으로부터 들은 적이 있다.

유일한 박사 약전

━━━━━━ 유일한 박사의 회고록이나 자서전 등은 유한양행 등에서 나온 것만도 수십 가지가 있고, 또한 여러 사람들이 각기 다른 관점에서 유일한 박사의 자서전 또는 회고록을 내놓은 바 있다.

우선 유일한 박사에 대한 독자들의 이해를 돕기 위하여, 내가 유한양행 회장을 지내던 시절 펴낸 『나라 사랑의 참 기업인 유일한』과, 『위대한 선각자 유일한 박사』 그리고 유일한 박사를 모시면서 챙겨 놓거나 써놓은 여러 비공개 자료들을 간추려서 '유일한 박사 약전略傳'을 소개하고자 한다.

역사학자 토인비는 "고난의 시대에 위인이 탄생한다"고 말했는데, 어쩐지 유일한 박사도 '풍운의 한말', 고난의 시대에 태어났다. 청일전쟁(1894~95년)이 일어나던 1895년 1월 15일, 평양에서 아버지 유기연柳基淵(1861~1934년) 공과 어머니 김기복金基福 여사 사이의 9남매 중 장남으로 출생했다. 본명은 유일형柳一馨이었다고 한다. 아버지 유기연 공은 당시 평양에서 의료선교를 하던 미국인 선교사 홀William James Hall에게 감화를 받아 기독교인이 되었고, 이를 계기로 신문명과 개화사상에 눈뜨면서 조국의 암담한 현실을 고민하게 되었다.

아버지 유기연 공은 장남 일형을 민족주의자들의 강연회 등에 데리고 가 외세에 침탈당한 조국의 현실을 일깨워주면서 아들에게 인재양성과 교육의 필요성을 가르쳤다. 마침내 유기연 공은 러일전쟁(1904~05년)이 터지자 서둘러 아들을 미국으로 보내기로 결심했다.

일한은 1904년 조선을 떠났다. 때마침 우리나라 순회공사인 박장현이 멕시코로 가는 배편이 있었기 때문에 일한은 그의 보호를 받으며 동행하게 되었다. 그리고 김씨 성을 가진 또 다른 한 소년이 일한의 길동무가 되었다. 아마도 그 소년은 후에 예일대학에 진학한 것 같다. 일한은 겨우 아홉 살밖에 되지 않았지만 어린아이답지 않게 의연했다. 유기연 공의 타이름도 작용했을 것이나, 일한 자신도 나약하기보다 대담한 면이 있었다. 그 담력과 성격을 인정했기 때문에 유기연 공이 어린 아들을 미국으로 보낼 결심을 했을 것이다.

『백년을 살아보니』로 유명한 김형석 연세대 교수(1920년~)가『유일한의 생애와 사상』에서 쓴 대로 유일형은, 1904년 아홉 살 때 미국으로 건너가 샌프란시스코에 정착해서 초등학교를 다녔다. 이후 네브래스카 주의 커니Kearney로 이주하여 네브래스카 주 커니 농장에 한인소년병학교(1909년 6월)가 설립되자 이 학교에 입학해 민족정신을 되새기며 독립운동에 참여하기도 했다. 1911년 헤스팅스고등학교에 입학하면서 유일형은 자신의 이름을 유일한柳一韓, New Il Han으로 개명했다. 이는 언제나 '새로운 유일한New Il Han'으로 거듭나겠다는 자신과의 약속이요 또한 강력한 의지의 표현이었다. 그는 신문배달 등으로 아르바이트를 하면서 학비를 벌었고, 미식축구 선수로 활약하기도 하면서 1916년에는 명문 미시간대학교 경제학과에 입학했다.

1919년 3월 1일 조국에서는 3·1운동이 일어났다. 그해 4월에는 제1회 '미주한인대표자대회'가 필라델피아에서 열렸다. 이 대회에서 대학교 졸업반 학생이었던 유일한은 재미 한인대표로, 「한국 국민의 목적과 열망을 석명釋明하는 결의문」 작성의 기초위원회 위원장으로 활약했다. '석명하다'는 뜻은 "사실을 설명하여 그 내용을 밝힌다"는 것으로 입장인 견해를 밝힐 때 흔히 쓰는 성명聲明보다 강한 뉘앙스를 풍긴다. 유일한 박사의 애국애족愛國愛族 정신이 반영된 이 결의문의 주요 내용을 보면 유일한 박사의 민주시민의식과 민주주의 정부에 대한 강렬한 의지를 엿볼 수 있다.

「한국 국민의 목적과 열망을 석명하는 결의문」의 주요 내용은 ① 정부와 피치민被治民과의 관계, ② 민주시민의 정부 참여, ③ 지방과 국가의 입법원 선출, ④ 자유무역, ⑤ 교육지상주의, ⑥ 보건 정책, ⑦ 언론과 출판의 자유, ⑧ 개인의 자유 등이다.

미시간대학교를 졸업하던 1922년, 유일한 박사는 대학 동창생인 월레스 스미스Wallace Smith와 동업하여 숙주나물 통조림을 생산하는 라초이식품회사La Choy Food Product Inc.를 설립했다. 당시 스물일곱 살의 청년벤처기업가 유일한 박사는 이 첫 번째 사업으로 미국에서 커다란 성공을 거두었다고 한다. 경제학원론에서 말하는 이른바 '자본의 원시적 축적'을 도모하면서 큰돈을 벌었던 것이다.

1925년 유일한 박사는 '성공한 미주 청년사업가'의 자격으로 귀국했을 때, 국권을 빼앗긴 채 빈곤과 질병 속에서 고통스러워하는 국민들의 현실을 목격하자 "어서 빨리 귀국해서 나라와 국민들을 보우

保佑 하자"는 중대한 결심을 하게 되었다. 미국으로 다시 돌아간 유일한 박사는 라초이식품과는 별도로, 오늘의 유한양행의 뿌리인 류한주식회사New Il han & Company를 설립했다. 회사 설립과 함께 미시간대학의 동창인 중국계 미국인 의사인 호미리胡美利 여사와 결혼했다.

유일한 박사는 당시 민족의 어려운 현실에 희망을 줄 수 있는 기업을 설립하기 위하여 "건강한 국민, 병들지 아니한 국민만이 주권을 되찾을 수 있다"는 신념 아래 제약업을 선택했다. 1926년 6월 20일 유한양행을 설립하고, 다음해에는 부인 호미리 여사도 귀국했다.

여기서 유한양행의 효자 제품인 안티푸라민 이야기를 기록해두고자 한다. 당초 그린색의 철제캔으로 만든 안티푸라민은 1933년 개발되어 지금까지도 유한양행의 소염진통 베스트 약품으로 사랑받고 있다. 이 안티푸라민을 개발한 분이 바로 호미리 여사다. 호 여사는 식민지시대에 별다른 약품이라곤 찾아볼 수 없는 현실에서 국민들이 편하게 사용할 수 있는 의약품을 개발해주기를 유일한 박사에게 건의했다고 한다. 호 여사는 미국에서 동양인 여성 최초로 의사면허를 취득한 '닥터'로서 한국에 들어와서 소아과를 운영하기도 했다.

유 박사는 이같은 부인의 뜻에 따라 소염진통제인 안티푸라민을 개발했다. 약이 귀했던 시절인 만큼 당시 신약이 나오면 그냥 만병통치약으로 통했다. 유일한 박사는 이러한 점을 경계하고자, 이례적으로 1930년대 신문광고에 "사용 전 의사와 상의하라"라는 내용이

담긴 선구적인 문구를 스스로 넣었다고 한다. 안티푸라민이라는 브랜드 명에도 유일한 박사의 뜻이 담겨 있다. 안티푸라민은 '반대'라는 뜻의 '안티Anti'와, '염증을 일으키다'는 뜻의 '인플레임Inflame'을 붙인 이름이다. 안티푸라민은 1933년 첫 출시하여 올해 기준 90살이 되었으니, 1930년생인 나보다 세 살 아래다.

안티푸라민은 여전히 소염진통제로 유명세를 타고 있다. 2013년에는 다양한 브랜드 확대 개발로 단일약품 매출 100억을 돌파했고, 2020년에는 국민영웅 축구선수 '안티푸라민 손흥민 에디션'을 출시하기도 했다.

유한양행은 초창기 미국 의약품을 주로 수입 판매했지만 1930년대부터는 미국 애보트 사와 합작으로 중국 대련에 약품창고를 열면서 만주 지역으로 사업영역을 넓혀나갔고, 1933년 '안티푸라민' 등을 자체 개발함으로써 제약사업을 본격적으로 시작했다.

유일한 박사는 1936년 6월 20일, 유한양행을 주식회사로 법인화하면서 당신의 유명한 어록인 "기업의 소유주는 사회다"라는 경영철학을 실천했다.

그 후 태평양전쟁이 발발하자 한때 미육군전략처OSS의 한국담당 고문으로 활약하기도 했다. 당시 재미 애국자 서재필徐載弼 박사 등과 함께 로스앤젤레스에서 '맹호군'이라는 이름의 '한인국방경위대'를 편성, 1942년 2월 29일에는 대한민국 임시정부 군사위원회의 인준을 받기도 했다고 한다.

해방 직전인 1945년 1월, 버지니아 주 핫스프링스Hot Springs에서 열린 태평양 연안 12개국의 태평양문제연구회Institute of Pacific Relations 총회에 한국대표단으로 참석하여 한국독립의 당위성을 설명했다. 당시 유일한 박사는 OSS의 비밀침투작전인 '냅코NAPKO' 작전에도 참가해 고강도 훈련을 받기도 했다고 한다. 당시 유일한 박사의 나이는 50세였다.

참 기업인의 길

신입사원 때 회장님이
"미스터 연은 경제학을 공부했으니 주식 상장을 맡아보라"고 명령했다.
회장님은 왜 이 중대하고 책임이 있는 일을 맡겼을까

제1차 경제개발계획의 시대, 주식 상장을 맡다

■■■■■■ 내가 유한양행에 입사하던 1961년의 시대정신은 '한국경제개발시대'의 전야였다. 1960년 4·19혁명이 일어나고, 1961년 5·16군사정변이 일어나면서 국가재건과 경제개발 목표가 거의 국시國是의 차원으로까지 격상되었다.

1960년대 한국경제성장에는 시설투자와 해외시장 개척 등 많은 자본이 필요했다. 유한양행도 고도성장을 하기 위해선 많은 자본이 필요했다. 1960년대 당시 유한양행은 연평균 30%를 넘는 고도 매출 신장을 거듭하면서 '초일류 제약기업'으로서의 기틀을 쌓을 때였다.

성장은 결국 돈이다. 유한양행은 1961년 당시 돈으로 1억7천 500만 환, 1962년에는 4억 환의 증자가 이루어졌다. 이로써 유한양행의 자본금 총액은 8억 환으로 늘어났다. 1962년 6월 화폐개혁으로 '환'이 10분의 1로 평가절하되어 '원'으로 바뀌게 되자 유한양행의 총자본금 8억 '환'은 8천만 '원'으로 평가절하되었다.

바로 그 해에 유한은 우리나라 제약업계 최초로 주식을 상장하게
되었다.

중대한 책임이 부여되면 인간은 성장한다

━━━━━ 인간존중의 행동과학자이자 경영학자로 유명한 크리
스 아지리스Chris Argyris는 "중대한 책임이 부여되면 인간은 성장한
다"고 갈파했다. 지금도 나는 풀지 못한 퀴즈가 하나 있다. 그러니
까 1961년, 갓 신입사원으로 입사한 서른한 살의 막내인 나에게, 유
일한 박사는 왜 주식 상장이라는 중대한 책임을 맡겼을까 하는 수
수께끼이다. 나는 고려대학교 경제학과를 졸업하고, 서른한 살이 되
던 1961년 유일한 박사의 '특별면접'을 거쳐 유한양행에 입사했다.
유한양행에 입사한 다음해 어느 날 유일한 박사가 나를 부르시더니,
"자네는 경제학을 공부했으니 기업공개를 잘 알겠구먼" 하고 혼잣
말을 하면서 "미스터 연이 주식 상상을 맡아보라"는 엄명을 내렸다.

당시 내가 여러 경로로 알아보니 증시에 상장된 기업은 경방과
해동화재 등 단 2개사에 불과했다. 당시 일반인들에게는 증권시장
이 생소했지만 주식을 잘 아는 사람들에게 유한양행은 단연코 최고
로 인기가 높은 상종가 주식이었다. 유한양행이 상장을 한다는 소
문이 나돌자 유한의 기업가치도 덩달아 올라가는, 이른바 전후방효
과가 나타났다. 그때에는 "왜 나에게 주식 상장을 맡겼을까", "왜 주

식 상장을 단행했을까" 하는 이유를 잘 몰랐었지만, 지금은 분명히 말할 수 있다. 미국식 경영철학을 갖고 있었던 유일한 박사는 기업 공개를 통해 평소 "기업의 소유주는 사회다"라는 자신의 이념을 실천하기로 작정하고 기업공개를 결심했던 것이 아니었을까? 유일한 박사처럼 선한 기업가에게는 시장이 곧 반응한다. 그때 주식 상장을 통해 유한양행은 국내 1등 제약회사로 도약하는 계기가 되었다. 기업공개 당시 유일한 박사가 "미스터 연! 주식 상장을 얼마의 가격으로 하는 것이 좋겠느냐"고 물으셨다. 나는 "이번에 제시한 액면가 100원은 너무 낮은 것 같다"고 말하고 "시장가치로 본다면 최소한 600~700원 정도가 되는 것이 합리적인 가격일 것"이라고 보고했다. 그러자 유일한 박사는 상당히 언짢은 표정을 지었다.

이봐, 미스터 연! 내가 주식 상장을 하는 건 돈을 벌자는 목적이 아니야! 이제부터 유한양행은 한 개인의 소유가 아니라 대한민국 국민 모두의 것이 되기 위하여 공개하는 것이야. 군소리하지 말고 당장 국민주로 발전할 수 있도록 액면가 100원으로 해!

시장의 반응은 전혀 달랐다. 내가 유일한 박사에게 보고한 대로 유한양행의 주가는 상장 후에 1천 원까지 급상승했다. 그런데 또 하나의 사고가 터졌다.

내가 상장을 의뢰했던 증권회사에서 유한양행의 시장가치를 너무나 잘 알고 있었기 때문에 그들은 일정부분의 주식을 시장에 내놓지 않고 회사 안에서 자기네끼리 나눠 가져서 이익을 챙겼던 것이다. 이때 내가 직접 증권회사를 찾아가서 "너희들 멋대로 시장가격을 조정하면 되겠느냐"고 항의하고, "당신들이 보관하고 있던 주식을 모두 내놓지 않으면 고발하겠다"고 윽박질러서 이 문제를 해결했다. 이러한 공로(?)로 인하여 신입사원이었던 나는 바로 총무과장으로 승진했다. 나는 총무과장이 되면서 유일한 박사를 더욱 가까운 거리에서 모시게 되었고, 인간적으로나 기업적으로나 더 많이 배우고 정진할 수 있게 되었다.

한번은 이런 일도 있었다. 과거 유한양행이 '옥탑광고'용으로 서울 서교동에 평당 30원에 땅을 매입한 적이 있었는데, 그 후 서교동 땅이 제2한강교 도로로 개발되면서 땅값이 천정부지로 오른 것이다. 당시 서울시에서 제2한강교 건립을 위해 그 땅을 평당 4천 원에 매입하겠다고 제안했으나, 인근 주민과 가게 주인들은 평당 1만2천 원을 받아야 한다고 떼를 쓰고 있었다. 이 사실을 유일한 박사에게 보고했다가 크게 혼난 일이 있었다.

미스터 연! 이러니 우리나라가 가난을 벗어나지 못하는 게야! 평당 30원에 산 것을 4천 원에 사주겠다면 133배가 넘는 이익을 취하게 되는데 그러고도 평당 1만2천 원을 달라고 생떼를 쓰니 이 나라가 발전하지 못하는 게야. 당장 우리 땅은 서울시에 4천 원 그대로 팔도록 하시오!

유일한 박사는 그때 크게 격앙하여 나를 나무랐으나, 나는 이를 계기로 그의 애국심을 배웠다. 나아가서 기업가의 사회적 역할, 국가적 책임 등을 어렴풋이나마 공부하는 계기가 되었다. 우리가 정부에 4천 원 가격으로 내놓자, 결국 다른 주민과 가게들도 조금 더 높은 가격을 받기는 했으나 결국은 유한양행 덕분에 모두들 적정한 가격의 선에서 땅을 팔게 될 수밖에 없었다.

유일한 박사는 이처럼 기업은 개인의 사유물이라기보다는 하나의 사회적 기구라고 생각해왔고, 나아가서 유일한 박사는 평생 '갑질'을 한 번도 한 적이 없었다. 유일한 박사를 모시고 수많은 해외출장을 다녀왔지만 단 한 번도 '퍼스트'나 '비즈니스' 석을 이용하지 않았다. 우리나라에도 숱한 애국자는 많지만, 그분처럼 애국을 실천하는 진짜 애국자는 찾아보기 어렵다고 나는 생각한다.

미국식 자유민주주의 경제관, 미국식 민주주의 정치관을 갖고 있던 유일한 박사는 1961년 5·16쿠데타로 집권한 박정희 정권에 대해 다소 불만을 가지고 있었던 것으로 보였다. 하루는 일본을 다녀오던 비행기 안에서 넌지시 나에게 물었다.

미스터 연! 자네는 '박정희'에 대해서 어떻게 생각하나?

나는 조금 당황하기는 했지만 내 생각 그대로 답변을 올렸다.

아! 네, 앞으로 역사가 평가할 일이기는 하겠지만 무엇보다도 국민들의 경제적 형편이 조금 더 나아지도록 만든 것은 잘한 일로 보입니다요.

그러자 유일한 박사도 수긍하는 듯 "박정희 대통령이 국민들을 잘살게 하려는 노력만큼은 인정해줘야지" 하며, 정치적으로는 다소 불만이 있었는지 모르겠지만 그는 나의 의견을 존중해주셨다. 유일한 박사는 당초 박정희 대통령을 미국식 잣대로 '테러 두목'이라고까지 혹평한 적도 있었지만, '제1차 경제개발 5개년 계획' 착수 등 배고픈 국민을 밥 먹여주는 '경제우선' 정치를 보고 재평가하게 된 것이 아닌가 하고 나는 판단했다.

유한양행에는 한때 유일한 박사의 친인척이 근무하기도 했다. 그러나 유일한 박사는 자신의 가족이 회사경영에 관여하는 것을 원치 않았다. 결국 죽음을 앞두고 그는, 차례차례 회사 안에 있던 친인척 모두를 내보냈다. 그때 나는 "일단 채용한 사람들을 친인척이라고 해서 무조건 해고하는 것은 다시 한 번 판단해보시는 것이 좋지 않을까요"라고 수차례 건의해보기도 했으나 유일한 박사는 단호했다. "기업의 소유주는 사회다"라는 확고한 신념을 갖고 있는 그는 회사에 들어온 가족이나 친인척이 파벌을 형성하는 것을 절대로 용서할 수 없었던 것이 아니었을까 하는 생각이 들었다. 유일한 박사는 결국 1969년, 경영권을 전문경영인에게 물려주고 경영일선을 홀연히 떠나셨다. 회사는 창업주 가족이 아니라 전문적인 지식을 갖춘 전문경영자가 맡아야 한다는 평소의 신념을 실천한 것이었다.

정직한 나를 인정해주셨다

━━━━━ 나는 1961년부터 1971년까지 10년 동안 유한의 총무과장, 부장을 거쳐 8년 만에 상무이사 자리까지 올랐다. 유한의 사업 성장에서부터 교육사업, 장학사업, 그리고 유일한 박사의 별세와 유언장의 집행 등 유일한 박사의 마지막 10년을 최측근의 자리에서 보좌하는 중책을 맡았다. 내가 왜 유일한 박사의 최애最愛 유한맨이 되고, 나아가서 회사 안팎의 공적인 일은 물론 사사로운 일까지도 보좌할 수 있었는지 그 정확한 이유를 아직도 잘 모른다. 그러나 단 한 가지는 자신 있게 말할 수 있다. 훗날 다른 경로로 알게 된 일이지만, 유일한 박사는 신입사원 시절부터, 몇 번의 테스트(?)를 통해서 "연만희가 어떤 사람인가?"를 살펴보셨다고 한다. 그 결과를 토대로 사석에서 "연만희 군은 정직한 사람이야"라고 말하면서 공개적으로 나를 인정해주셨다. 지금도 나를 끔찍이 아껴주신 유일한 박사를 생각할 때마다 눈물이 난다. 나는 영어는 잘 못하지만, 일본어에는 어느 정도 능통한 신입사원으로서 입사 초기부터 유일한 박사의 일본 출장을 자주 수행하면서 그가 생각하는 창업정신과 경영철학 및 가치관 등을 누구보다도 빨리 알아차릴 수 있었다. 내가 이런 이유로 당시 유한양행 내부는 물론 외부에서도 총무과장, 부장, 상무이사로 고속 승진할 수 있었고, 1971년 유일한 박사가 작고한 후에도 전무이사, 부사장, 사장, 회장으로 계속 중요한 자리를 맡게 된 것을, 이 글을 쓰는 지금 '리스펙트 유일한' 박사와 더불어 유한의 모든 분들께 감사드리고 싶다.

"빛이 밝으면 그림자도 깊어진다"는 말이 있다. 그러니 '빛'나는 나를 질투하고 기피하는 사람들도 물론 있었을 것이다. 한 사람이 일하면 '개인'이 되고, 두 사람이 일하면 '사회'가 되고, 세 사람이 일하면 '경쟁'이 된다는 세상의 논리를 나도 잘 안다.

나는 지금도 왜 유일한 박사께서 나를 아껴주시고, 회사의 중책을 맡기시고, 나를 혈연가족 이상으로 신임하셨는지 정확히 알지는 못한다. 그러나 단 한 가지는 말할 수 있다. 앞에서도 간단히 말했지만, 유일한 박사가 생각하는 가장 으뜸가는 덕목은 '정직'이다. 나는 다른 능력은 부족할지 모르나, 나 스스로는 '정직한 사람'이라고 생각한다. 나는 세 살 때 아버지를 여의었고, 홀로되신 어머니께선 "정직하게 살라"는 말을 나의 뼛속까지 심어주셨다. 나는 이 세상에서 어머니를 가장 사랑하고 존경하고 지금도 그리워한다. 이 세상에서 가장 존경하는 어머니가 "정직하게 살라"고 말씀하셨으니, 나는 그대로 실행하지 않으면 안 된다고 늘 다짐했었다.

바로 이러한 '정직'이 유일한 박사의 마음에 든 것이 아닐까 하고 추측해볼 뿐이다. 1961년부터 1971년까지, 유일한 박사를 만나고 그분이 돌아가시기까지의 그 10년의 세월은—물론 유일한 박사를 모시는 일이 여간 힘든 일이 아니기는 했지만—분명코 내 인생의 '황금시대'였을 것이다. 나는 유일한 박사로부터 총애를 받았고, 그가 세상을 떠난 후에는 한때 유한양행의 관계회사인 유한스미스클라인 사장으로 잠시 동안 나가 있었다. 그러나 유한양행은 언제나 '내 마음속의 고향'이었다. 1987년 다시 '고향'인 유한양행으로 돌아와 입사 27년 만인 1988년 '사원 대표'라는 영광스러운 타이틀을 갖고 유한양행 대표이사 사장이 되었다.

당시 유한양행의 경영시스템에 유일한 박사의 '혈통'은 전무했다. 유 박사의 동생인 유명한 사장, 유특한 사장도 모두 임기를 마치고 퇴사했다. 외아들 유일선 변호사도 미국으로 떠났고, 딸 유재라 여사도 당시엔 '유한동산'을 관리하며 유한재단 이사장, 유한학원 감사 및 유한양행의 비상근이사로서 '소유와 경영'의 분리라는 지배구조 확립에 전념하며 회사경영에는 직접 관여하지 않았다. 이 모든 선진국 수준의 지배구조를 만든 장본인은 유일한 박사이지만, 유일한 박사의 따님인 유재라 여사, 손녀 유일링 등 창업자 일가들도 매우 건설적이고 우호적이면서도 진취적인 자세로 유한의 선진 거버넌스를 지지해주었다. 이점을 유한양행의 모든 선후배 임직원 여러분과 함께 감사드리고 싶다.

바로 이런 훌륭한 분들이 유한의 안팎에서 지원해준 덕분으로 나는 대표이사 사장과 회장 등을 지내면서 내 소신대로 '유일한 정신'에 입각한 경영의 실천에 헌신하게 되었지 않았는가 하고 되물어보기도 한다.

유일한 박사에게 기업활동은 그 자체가 교육사업이며 공익사업이었다. 유일한 박사의 장학 및 공익사업은 회사경영이 안정기에 접어들면서 더욱 본격화되었다. 1952년 고려공과기술학교를 설립한 것을 시작으로, 1960년대에는 유한중학교, 유한공업고등학교를 잇달아 설립해 인재양성, 특히 기술인재양성에 힘썼다. 나아가서 지속가능한 교육장학사업과 사회공헌사업을 위해 유한양행 주식 등 자신의 재산을 기부해 1970년 '재단법인 한국사회 및 교육원조신탁기금(현 유한재단 및 유한학원)'을 설립했고 나는 유일한 박사, 유재라 여사 등과 함께 재단 설립이사로 참여했다.

훗날 유일한 박사는 자신의 유언장을 통해 자신의 전 재산을 이 기금에 기부했는데, 나는 유일한 박사의 유언장 집행인으로 참여해서 이 기금 집행을 수행했다.

이 기금은 1977년 유한재단으로 이름을 바꾸고, 소유 주식 일부를 유한학원과 분할하여 오늘날에도 유일한 박사의 유지遺志대로 교육장학사업과 사회공헌사업 등으로 이어 가고 있다.

'한국 경영의 신'으로 모시자

━━━━━━ '자본주의의 꽃'이라는 기업의 이상적인 '최고경영자상像'은 무엇일까?

일본의 경우, 과거 마쓰시타전기산업(현 파나소닉)의 마쓰시타 고노스케松下幸之助 회장이나, 교세라의 이나모리 가즈오稲盛和夫 회장은 '경영의 신神'으로까지 추앙받고 있다. 그러면 한국에서의 '경영의 신'은 누구이겠는가. 당연히 유일한 박사가 그에 해당되는 분이라고 생각한다. 이런 뜻에서 사회적인 합의를 통해 유일한 박사를 '한국 경영의 신'으로서 받들어 모실 것을 제안하는 바이다.

유한양행은 나의 사유물이 아니다

━━━━━━━ 과거 송기철 고려대학교 경영대학 교수로부터 유일한 박사에 대한 이야기를 들을 수 있었다. 송 교수가 고려대학교 기업 경영연구소 소장으로 재직하던 1963년에 국내 처음으로 '최고경영 자 시상제도'를 창설했는데, 올해의 경영자상^賞으로 유한양행 대표 이사인 유일한 박사를 선정했다. 당시 시상식 후 리셉션장에서 송기 철 박사는 유일한 박사와 모처럼 환담을 나눌 기회가 있었다. 이 환 담은 《월간현대경영》 2000년 11월호 기사 〈경영자와 나〉에 수록되 어 있다.

송기철 박사 · 유일한 박사님! 수상을 축하합니다.

유일한 박사 · 고맙소. 오랜 역사의 고려대학교가 주는 상이니 기 쁘게 받겠습니다.

송기철 박사 · 유한양행을 이끌어온 철학의 핵심은 무엇입니까?

유일한 박사 · 뭐 별로 큰 철학이 있겠습니까. 그러나 몇 가지 기 본 생각은 갖고 있지요. 첫째, 내실경영을 하자는 것이지요. 이 익이 나는 회사, 가능하면 부채를 최소한으로 하고 지나치게 무리하지 않고 우리 기업의 능력 범위 안에서 착실하게 성장하 자는 것이죠. 비록 성장은 늦더라도 착실하게 내실 있는 성장 을 하겠다는 것입니다. 둘째, 제약업 중심으로 전심전력하자는 것입니다. 우리 기업의 체질을 강화시켜주는 분야에의 진출을 생각할 수도 있겠으나 우리는 오로지 제약업 위주 즉 전업화^專

業化 기업으로 키워 가자는 것이지요. 그러다 보니 남이 볼 때는 "더디다"고 답답함을 느낄지도 모르나 우리는 제약업의 제1인 자가 되고자 하며, 또 그 제약업도 보건음료가 중심이 아닌 치료제 중심의 제약으로 한국 제일을 목표로 삼고 있습니다. 더 욕심을 부리자면 세계시장으로 진출하여 국제제약업으로까지 도약할 것을 꿈꾸고 있지요. 셋째, 기업경영 측면에서는 현대적 기업경영 방식을 최대한 도입·흡수하려고 합니다. 현재로서는 아직 빈약합니다만 연구개발R&D 분야에 주력해서, 보건음료가 아닌 치료제 약품으로 제1인자가 되고자 합니다. 넷째, 우리 유한양행은 일찍이 주식을 상장했으며 또 소유와 경영을 분리하여 투명경영으로 전문경영자를 육성해서, 나의 은퇴 이후는 물론 나의 사후死後에 대비하고 있지요. 다섯째, 내가 갖고 있는 주식을 공공기관이나 교육기관에 기부코자 하며, 육영재단을 설립해서 사회에 환원코자 합니다. 나는 결코 유한양행을 나의 사유물로 생각하지 않습니다.

1995년 '유일한 박사 탄생 100주년'을 맞아 그동안 유일한 박사의 공개되지 않았던 독립운동과 애국에 대한 열정과 공적이 알려지면서 정부로부터 '자유독립과 국가발전에 이바지한 공로'로 건국훈장 독립장을 추서 받았다. 1996년에는 '이달의 문화인물 및 독립운동가'로 선정되어 유일한 정신을 드높이게 되었다. 이에 앞서 1991년 중앙대학교 경영대학은 올바른 경영자상像과 기업윤리 확립을 촉진하기 위해 '참 경영인상賞'을 제정하고 그 첫 수상자로 유일한 박사를 선정했다.

2001년에는 경인로 부천 구간(구산사거리~유한대학교)을 '유일한로路'로 명명하였다. 기업인으로서는 최초로 도로에 이름을 붙인 것이다. 이에 맞춰 정부는 당시 유일한 박사를 제1회 '이달의 기업인'으로까지 선정해 공공의 평가를 보냈다. 유일한 박사의 선구적인 기업가 정신은 오늘도 오롯이 우리 사회에 살아 숨 쉬고 있다.

1926년 6월 20일 유일한 박사가 유한양행을 창업하고, 유한의 최고경영자로 재임하는 45년 동안(1926~71년) 유한양행의 임원은 모두 40명이었다. 유한의 창업, 성장, 발전, 시련, 부흥, 약진기 등 유일한 박사가 회장으로 재임한 45년이라는 장구한 세월 동안 유한의 임원진에 이름을 올린 사람이 40명 선으로 유지되었다는 사실은, 유일한 박사 사후 50년이 지난 오늘날 유난스럽게 강조되는 환경·사회·지배구조ESG의 선구자로서 유일한 박사를 재평가하리라고 본다. 이는 다른 한편으로 유일한 박사의 최고경영자로서의 용인술用人術을 말해주는 것이다. 사람을 일단 믿고 신뢰하면, 동지적 결의로써 임원들의 신분을 특별히 보장해주는 것을 나는 많이 보아왔다. 다시 말하면 유한에 몸담았던 임원들은 오너이면서 최고경영자인 유일한 박사의 용인술에 누구든지 깊이 매료될 수밖에 없었을 것이라 생각한다. 물론 일을 하다보면 좋은 일도 있고 나쁜 일도 일어나고, 기쁠 때도 있지만 섭섭할 때가 없을 수는 없었으리라! 그러나 유한에 둥지를 튼 유한의 임원들은, 유일한 박사의 '유일한 정신'에 압도당하고 나아가서는 유일한 박사만이 갖고 있는 '큰 그릇'에 자신을 그대로 몸 바칠 수밖에 없는 신통한 능력을 가지고 있었다.

내가 유한양행 대표이사 회장으로 일할 때 발간한 책『나라 사랑의 참 기업인 유일한』에는 유일한 박사의 '매니지먼트 사상과 실천'이 다양하게 소개되어 있다. 그 가운데 내가 좋아하는 말씀을 스무 개 뽑아보았다.

유일한 박사 말씀 20선

기업의 소유주는 사회다. 단지, 그 관리를 개인이 할 뿐이다.

눈으로 남을 볼 줄 아는 사람은 훌륭한 사람이다. 그러나 귀로는 남의 이야기를 들을 줄 알고, 머리로는 남의 행복에 대해서 생각할 줄 아는 사람은 더욱 훌륭한 사람이다.

기업과 개인적 정실情實(비록 그것이 가족의 경우라도)은 엄격히 구별되어야 한다. 그것은 기업을 키우는 지름길이요, 또한 기업을 보존하는 길이기도 하다.

국가, 교육, 기업, 가정. 이 모든 것은 순위를 정하기가 매우 어려운 명제들이다. 그러나 나로 말하면 바로 국가, 교육, 기업, 가정의 순위가 된다.

기업의 생명은 신용이다.

기업에서 얻은 이익은 그 기업을 키워준 사회에 환원해야 한다. 기업은 사회의 이익증진을 위해서 존재하는 기구이다.

기업은 한두 사람의 손에 의해서 발전되지 않는다. 여러 사람의 두뇌가 참여함으로써 비로소 발전되는 것이다.

기업의 제1목표는 이윤의 추구이다. 그러나 그것은 성실한 기업활동의 대가로 얻어야 하는 것이다.

이윤의 추구는 기업성장을 위한 필수선행 조건이지만 기업이 개인의 부귀영화를 위한 수단이 될 수는 없다.

기업의 기능이 단순히 돈을 버는 데에만 머문다면 수전노守錢奴와 다를 바가 없다.

기업의 기능에는 유능하고 유익한 인재를 양성하는 교육까지도 포함되어 있어야 한다.

좋은 품질(양질)과 싼 가격(염가)의 제품 생산, 이것은 기업성취의 ABC이다. 그러나 이것은 기업의 사회에 대한 책임인 것이다.

연마된 기술자와 훈련된 사원은 기업의 최대 자본이다.

기업에 종사하는 모든 사람은 기업활동을 통한 하나의 공동운명체 이다.

약한 사람에게는 부드럽게 대하고 강한 사람에게는 강하게 대하라. 특히 외국인에게는 강하게 대하라.

사색하고 관찰하는 습관은 인간의 지적 성장을 위한 촉진제이다.

실패. 그것으로 해서 스스로 나의 존재가치를 깨닫는다면, 실패 그 것은 이미 나의 재산인 것이다.

사람은 죽으면서 돈을 남기고 또 명성을 남기기도 한다. 그러나 가 장 값진 것은 사회를 위해서 남기는 그 무엇이다.

정직正直, 이것이 유한의 영원한 전통이 되어야 한다.

하나의 인간은 체구를 가지게 되며 그 몸에는 귀·눈·코·입 등의 여러 기관이 부속되어 있다. 그 중 하나의 기관만 없어도 완전한 인간일 수는 없다. 사회도 또한 마찬가지다. 여러 사람이 각기 사회를 위해서 유익한 기관의 구실을 다할 때 비로소 그 사회는 완전할 수가 있는 것이다.

유일한 박사 기도문

만물을 창조하시고 전지전능하신 주님, 베풀어주신 은혜와 이날까지도 새 소망을 허락하심을 저희들은 겸손한 마음으로 감사하옵니다.

저희들이 이 땅에서 살아가는 동안 과거의 잘못을 통하여 더욱 성장할 수 있게 도우시고, 슬픔과 후회를 저희들 마음속에서 떠나게 하시고, 대신 어제의 편견이나 내일의 두려움 없이 정해진 삶의 길을 걸어갈 수 있도록 성령과 용기와 의지를 저희들 마음속에 심어 주시옵소서. 저희에게 유혹을 이겨내고 탐욕과 시기와 부러워함을 정복하게 하시고 낙심과 증오와 고통을 극복할 수 있는 힘을 허락하시옵소서.

주님! 분노와 절망과 역경의 깊은 골짜기에서 저희를 건지시고, 패배와 실패와 허무감을 불식시켜 주시옵소서. 저희 의사를 표현함에 있어 자제할 수 있게 하시고 타인의 의견을 이해와 동정심을 가지고 경청하게 하시며 그들의 허물을 비판하는 것보다 그들의 미덕을 칭찬하고 인정할 줄 아는 지혜를 허락하시옵소서.

삶에 있어서 무엇이 더 중요한 것인가를 인식할 수 있고, 오늘날 저희들에게 주어진 좋은 것들을 충분히 즐기며, 명랑하고, 참을성 있고, 친절하고, 우애할 수 있는 능력을 허락하여 주시옵소서. 무엇보다도 온 인류 모두가 참된 목적을 위하여 일하고, 평화로운 마음으로 이 세상을 살아갈 수 있도록 저희들의 마음을 겸손함과 이웃을 아끼고 사랑하는 마음으로 가득 채워 주시옵소서. 아멘!

정직, 유한의 영원한 전통이 되길

━━━━━ 유일한 박사의 말씀과 기도문을 읽노라면, 어느 사이엔가 머리가 맑아지는 것을 느낀다. 유일한 박사의 말씀과 기도문은 비단 기업가뿐만 아니라 우리나라 모든 조직체의 리더들이, 삶의 '거울'로써 삼아보기를 추천한다.

유일한 박사는 비즈니스맨이 지켜야 할 최고의 철학으로 '정직'을 내세우고, 회사 경영뿐만 아니라 삶 전체를 '정직'의 길로 채웠다.

그의 말씀 중에서도 엿볼 수 있듯이 "정직, 이것이 유한의 영원한 전통이 되어야 한다"고 가르치며, 유한의 임직원들이 정직을 삶의 최고 가치로 여기고 유한의 전통을 지켜나가기를 염원했다.

유일한 박사가 평생 기업가로서 펼쳐온 사상은 첫째, 국익 우선주의 사상, 둘째, 혁신을 바탕으로 한 합리적 실용주의, 셋째, 낭비를

2013년 연세대학교 에비슨의생명연구센터 유일한홀에서 열린 유일한 박사 흉상 제막식에서.
(유한양행 제공)

절대 허용치 않는 근검절약의 정신과 청지기 정신으로 집약할 수 있다. 이는 애국애족의 정신과도 일맥상통한다.

살아서나 죽어서나, 유일한 박사는 예의를 남겼다. 유일한 박사는 죽는 날에도 평소 즐겨 입던 양복을 그대로 수의壽衣로 쓰고, 구두까지도 '계속 신다'가 수선한 구두를 그대로 신은 채 세상을 떠났다. 이 모든 일은 그가 남긴 근검과 절약의 모범사례일 것이다.

유일한 박사는 이처럼 기본적으로 정직과 성실이라는 두 가지 철학을 바탕으로, 1904년 아홉 살의 어린 나이에 미국 유학생활을 시작하면서부터 1971년 세상을 떠날 때까지 오로지 한결같은 삶을 살아왔다. 불의와 타협하지 않고 도전과 창조를 거듭했던 진취적인 기업가로서, 나라의 독립을 위해 그 무엇도 아끼지 않았던 애국애족의 독립운동가로서, 국가의 성장 동력인 청소년들을 위한 교육에 열정과 헌신을 아끼지 않은 교육가로서, 그리고 기업을 키워준 사회에 모든 것을 환원했던 헌신적인 사회사업가로서 그 누구보다 귀감이 되는 삶을 살았다.

유일한 박사의 가장 으뜸가는 가치관은 앞에서도 강조했지만 '정직'이다. 1950년대 초 6·25동란이 끝나고 보혈강장제補血強壯劑가 유행처럼 팔릴 때였다. 유한양행에서도 최고의 강장제로 '네오톤' 토닉을 생산, 발매하고 있었다. 당시 영업담당인 한 임원이 유일한 박사에게 네오톤 마케팅을 위해 "네오톤 토닉에 마약 성분을 조금만 첨가하면 많은 판매와 수익을 낼 수 있다"고 보고하면서 "아주 극소량의 마약을 네오톤 토닉에 넣자"고 제안했다. 그러자 유일한 박사는 발칵 화를 내시면서 "이보소! 우리가 사람들의 신강을 지키기 위해 약을 만드는 것이지, 사람들의 건강을 해치거나 돈을 벌기 위해 약을 만드는 것이 아니지 않는가?"라고 꾸짖고 "당장 나가라"고 소리쳤다. 그러나 여러 사람의 중재와 해당 임원의 사과로 그 임원은 용서를 받았다. 유일한 박사의 '냉철한 머리와 따뜻한 가슴Cool Heads but Warm Hearts'의 경영을 잘 보여주는 사례라고 생각한다.

제약왕 유일한과
강철왕 카네기의 공통점

유일한 박사의 '유일한이즘'을 이제는 개인의 '사적인 기억'에서
'공적인 기억'으로 승화시켜야 한다고 생각한다.

유일한이즘을 '공적인 기억'으로

어떻게 살아야 하는가? 어떻게 벌어야 하는가? 어떻게 써야 하는가? 기업인이라면 누구든지 이 '세 가지 질문'을 고민해보지 않을 수 없을 것이다. 이 경우 우리가 빼놓을 수 없는 인물 가운데 한 사람이 미국의 강철왕 앤드루 카네기Andrew Carnegie, 1835-1919년다. 그의 삶은 가진 것이 없는 젊은이들이 어떻게 부와 성공을 얻을 수 있는지, 평범한 직장인들이 어떻게 생의 반전을 만들 수 있을지, 그리고 이름을 어떻게 세상에 남길 수 있는지를 가르쳐준다는 점에서 '성공학'의 모범 사례로 활용될 수 있을 것이다. 카네기의 한평생은 생에 대한 도전과 용기, 그리고 우리에게 지혜를 주는 데 전혀 손색이 없다.

나의 훌륭한 후배이자 고려대학교 경제학도 출신의 공병호연구소장, 공병호 박사가 강철왕 카네기 자서전『성공한 CEO에서 위대한 인간으로』의 서문「공병호가 읽은 강철왕 카네기」에 쓴 이 글은, 성공한 기업가상像의 본질을 알기 쉽게 설명해주고 있다.

공병호 박사가 "어떻게 살까, 어떻게 벌까, 어떻게 쓸까"라는 세 주제로 카네기의 성공경영학을 분석한 것을 기본 모델로 삼아, 나도 유일한 박사의 성공경영학을 세 가지로 나눠 분석해보았다.

첫째, 유일한 박사는 "어떻게 살아야 하는가?"에서 평생을 정직하게 살았던 분이다. 앞에서도 말했지만, 유일한 박사는 "정직은 유한의 전통이 되어야 한다"고까지 당부하셨다.

둘째, "어떻게 벌어야 하는가"에서 유일한 박사는 "우리는 힘을 다하여 가장 좋은 상품을 만들어 국가와 동포에게 도움을 주자"는 자신의 기업가 정신이 말해주듯이, 좋은 상품을 생산해 국가와 국민에게 좋은 삶을 살아가도록 이바지하고자 했고, 기업의 이윤은 좋은 상품과 서비스에서 나오는 기대효과로 보았다.

셋째, 이 항목이 가장 중요하다. 유일한 박사는 "어떻게 써야 하는가"에서 '기업은 사회적 이익을 증가시키는 기구'라고 생각하여 기업의 사회적 책임에 대해 매우 광범위하고 전문적인 고민과 결단을 통하여 자신의 전 재산을 사회에 환원시켰다.

유일한 박사의 이같은 숭고한 결단은 유한양행 창립(1926년 6월 20일) 때인 1920년대부터 이미 싹트고 있었다. 이는 한국 경영사는 물론 세계경영사에서도 주목할 부분이라고 생각한다. 이런 의미에서

나는 유한양행 100년사를 앞두고, 나의 마지막 사업으로 '유일한박
사 기념연구재단'(가칭)을 발족하여, 유일한 박사의 유일한이즘을 사
적인 기억private memory에서, 공적인 기억public memory으로 승화시키는
일을 시작해보고자 한다. 유한의 모든 선후배, 동지들은 물론, 우리
산업계의 지도급 인사들을 참여시켜 유일한이즘을 '퍼블릭 메모리'
로 발전시켜나가는 데 작은 힘이나마 나의 마지막 힘을 보태고자 한
다. 아울러 이 지면을 빌려 강호제현江湖諸賢의 많은 지도자들의 참여
를 부탁드리고 싶다.

카네기의 토끼풀과 유일한 박사의 숙주나물

━━━━━━ 카네기의 성공학을 다룬 '위인전'에는, 어김없이 나오
는 리더십 이야기가 있다. 카네기의 토끼풀 이야기다.

카네기가 열 살 때의 일이었다. 토끼 한 마리를 이웃집에서 선물로
얻어다가 키우기 시작한 것이 어느덧 수십 마리가 되었다. 토끼 식
구가 그렇게 많아진 것은 기쁜 일이지만 그러나 어린 카네기 혼자
의 힘으로서는 먹이를 대기가 참으로 어려운 일이었다. 매일같이
풀을 열심히 뜯어다 주어도 여러 마리의 토끼들이 금방 먹어치우
는 통에 감당하기가 어려웠다. "무슨 좋은 방법이 없을까?" 카네기
는 궁리 끝에 묘안이 떠올랐다. 어린이 놀이터에는 자기 또래의 친
구들이 많이 모여서 야구를 하고 있었다. 카네기는 "얘들아! 너희

들에게 보여줄 것이 있으니 우리 집에 가자"라고 말하고 10여 명의 친구들을 데리고 집으로 왔다. 그리고 "얘들아, 이 토끼들 중에서 가장 자기 마음에 드는 녀석을 하나씩 골라보라"고 말했다. 친구들은 무슨 영문인지도 모르고 떠들면서 토끼장 상자마다 들여다보며 이것저것 찾다가 제각기 한 마리씩을 골랐다. 그때 카네기가 "오늘부터 토끼풀을 많이 뜯어오는 사람에게는 자기가 골라놓은 토끼에게 그 사람의 이름을 붙여줄 거야"라고 선언했다. 카네기의 이 계획이 딱 들어맞아 친구들은 그날부터 자기 이름을 붙인 토끼에게 열심히 풀을 뜯어다 주었다.

소년 시절의 이런 리더십은 카네기가 후에 강철왕으로 성공하는 데에 크게 기여했다는 것이다. 카네기는 말한다.

이 일은 나에게 조직력을 보여준 최초의 사건이다. 사실 내가 성공할 수 있었던 것은 내가 무엇을 잘 알거나 나 스스로 무엇인가를 남보다 살 실행해서가 아니라, 나보다 더 잘 아는 사람을 뽑아서 쓸 줄 알았기 때문이다.

카네기 묘소에도 이같은 묘비명이 쓰여 있다.

여기에 자기보다 우수한 사람을 자기 곁에 모을 줄 알았던 사람이 잠들다Here lies a man who was wise enough to bring into his service men who

유일한 박사에게도 똑같은 일화가 있다. 유일한 박사가 미국에서 처음 시작한 사업은 숙주나물을 병에 담아 파는 것이었다. 시장성은 충분히 있었지만 일반인들에게 전혀 피알PR이 되지 않았다. 그는 적극적으로 제품을 알릴 필요성을 느끼고 묘책을 세웠다. 뉴욕 시내 대로변의 유명한 가게 쇼윈도를 트럭으로 들이받아 고의로 사고를 낸 것이다. 트럭에 실린 숙주나물 병들이 도로에 떨어져 깨지면서 아수라장이 되자, 이 장면이 사진과 함께 신문과 방송 등에 크게 나왔다. 신문에 실린 숙주나물을 본 고객들로부터 주문이 밀려들어왔고, 결국은 숙주나물 병이 날개 돋친 듯이 팔려 나갔다. 그 후 유일한 박사가 대학 동기와 함께 숙주나물 병의 난점을 개선해 숙주나물 '캔' 등을 만들어 설립한 것이 '라초이식품회사'다. 라초이는 설립 4년 만에 50만 달러 이상의 수익을 올렸다.

그 후 1924년 유일한 박사는 숙주를 대량 매입하기 위해 중국에 갔다가, 아홉 살 이후 처음으로 중국에 이주해 살고 있는 부모님과 가족들을 만났다. 가족들로부터 고국의 처참한 현실을 듣게 된 그는 특히 아버지로부터 "식견을 넓혀 나라를 위해 큰일을 하라고 유학을 보냈는데 그까짓 숙주 장사나 하고 있느냐"는 질책을 받았다고 한다.

유일한 박사는 깨달았다. 그때 대공황을 극복한 미국과 달리, 제대로 된 약이 없어 목숨을 잃는 조국의 처참한 광경을 직접 목격하게 되었다. 이러한 안타까운 고국의 상황은 유일한 박사의 가슴에 불을 붙였다. 미국의 싸고 좋은 약품들을 들여와서 기생충, 결핵, 학질, 피부병 등으로 고통 받는 동포들을 구하고 싶었다. 이리하여 나라를 위해 그리고 자신의 뜻을 관철시키기 위해 '라초이'의 지분을 모두 팔고 일제 지배하에 있는 고국으로 돌아왔다.

유일한 박사는 귀국 후 당시 연희전문학교(현 연세대학교)의 올리버 에비슨Oliver R. Avison 학장으로부터 "연세대에서 상과 교수를 맡아달라"는 제의를 받았다. 그러나 유일한 박사는 이를 정중히 거절하고, 자신이 가장 잘할 수 있는 '창업'으로 나라에 봉사하기로 결심했다. 민족자본을 키워서 일제의 가혹한 수탈에 고통 받는 국민을 살려야겠다고 생각했다. 그는 낙후된 조국의 환경을 개선하기 위하여 이른바 이용후생利用厚生 물품들을 모두 미국에서 들여왔다. 또한 치약, 화장지, 생리대, 비누, 농기구, 염료 등 선진 생활용품들도 들여와서 저렴하게 보급했다.

유일한 박사는 창업 당시부터 세 가지 경영의 원칙을 세웠다.

첫째, 기업을 키워 일자리를 만든다.

둘째, 정직하게 세금을 낸다.

셋째, 기업을 경영해서 얻은 이익은 기업을 위해 일한 직원들과 기업을 키워준 사회에 돌려준다.

'신'에 대한 최고의 예배는 봉사

━━━━━━━ 강철왕 카네기 자서전『성공한 CEO에서 위대한 인간
으로』를 한글로 옮긴 박상은 번역가의 후기에 다음과 같은 아주 좋
은 글이 실려 있다.

> 비 오는 날 버스를 타고 가다가 차창 너머로 둥그런 화단을 보았
> 다. 색색깔의 꽃들이 비에 씻겨 그 가장 선명한 빛깔을 드러내고
> 있었다. 저마다의 자태를 한껏 뽐내고 있는 그 꽃들을 보니 정신이
> 아찔해져왔다. '우리도 저렇게 한 생애를 충실하게 살다 갈 수 있을
> 까?' '인생의 목적은 최대한 자기를 피워내는 데 있지 않을까?'하는
> 생각이 머리를 스쳤다. (중략) 카네기는 자신을 위하는 일 못지않게
> 남을 위해서도 많은 일을 했다. 어린 시절의 경험을 되살려 많은
> 공공도서관을 지어 기부하고, 자선을 목적으로 한 다양한 재단을
> 설립하였으며, 세계 평화를 위해 노력하였다. 그는 "신에 대한 최고
> 의 예배는 인류에 대한 봉사"라는 벤저민 플랭클린의 말에 마음으
> 로부터 공감하였으며, 생전에 재산의 90%를 사회에 환원하였다.

강철왕 카네기의 자서전에 나오는『부의 복음The Gospel of Wealth』을
읽어보노라면, 한국의 제약왕 유일한 박사의 자서전을 읽는 듯한 혼
란에 빠질 때가 있다. 어려서 고생해서 많은 돈을 벌었지만 결국 국
가와 사회를 위하여 전 재산의 90%를 사회에 환원했다"는 대목에
이르면, 어느새 유일한 박사의 말씀이 겹쳐지기 때문이다. 유일한

박사는 1926년 "건강한 국민만이 잃었던 주권을 되찾을 수 있다"는 신념으로, 큰 '버드나무'와 같은 기업을 세우고자 유한양행을 창립했다. 그 후 1936년 유한양행을 주식회사로 전환하고 종업원지주제從業員持株制를 국내 기업 최초로 실시한 데 이어, 1962년에는 또한 제약업계 최초로, 국내 산업계에서 두 번째로 기업공개를 단행했다. 참고로 1961년, 19○○년, 1966년, 1968년 및 1969년 4차례 조직 개편 당시 유한양행 임원과 역대 임원은 다음과 같다.

유일한(회장, 이사), 예동식(감사), 백대현(제9대 사장, 이사), 조동수(제10대 사장), 유일선(부사장), 유승호(이사, 상무, 전무), 홍병규(전무, 부사장), 배윤선(이사, 상무), 조권순(상무, 전무, 부사장), 이희두(이사), 심창원(상무), 박승환(이사), 이건웅(취체역, 고문), 박장원(감사, 이사), 김학수(취체역, 상무, 전무), 서낭석(상무), 제닛 탐 린슨(취체역), 연만희(상무), 손성겸(감사), 이철배(감사)

역대 유한양행 회장은 나음과 같다.

유일한(1951~1954, 1957~1966, 1969~1971), 연만희(1993~1996)

역대 유한양행 대표이사 사장은 다음과 같다.

유일한(1936~1942, 1946, 1948~1951, 1955~1957, 1966~1969), 유명한

(1942~1946), 구영숙(1946~1948), 유특한(1951~1953), 이건웅(1957~1961), 백대현(1961~1964), 조동수(1964~1966), 조권순(1969~1979), 박춘거(1979~1985), 홍병규(1985~1988), 연만희(1988~1993), 김태훈(1993~1997), 김선진(1997~2003), 차중근(2003~2009), 김윤섭(2009~2015), 최상후(2009~2012), 이정희(2015~2021), 조욱제(2021~　)

유한양행은 1963년 과거 임원 명칭으로 쓰던 '취체역'을 신상법新商法에 따라 '이사'로 바꾸었다. 당시 유일한 박사는 일제강점기 상당 기간 미국, 일본 등지에 묵으면서 유한양행을 이끌어오던 '고난기'와 달리 계속 국내에 체류하면서 회장, 사장(11대), 이사(1964년)로서 회사를 이끌었다.

그 후 유일한 박사는 자신과 유한양행의 후계문제와 관련해서, 나를 포함한 임원들의 권고로 미국에 있던 아들 유일선 씨를 부사장에 임명하게 되었다. 유일한 박사는 또한 1966년경부터 유일선 부사장에게 실질적인 권한을 주어 회사경영을 맡겼었다. 그러나 국내 사정에 익숙하지 않았던 젊은 부사장의 의욕적이지만 다소 불안정한 경영 방식에 불만을 느낀 유일한 박사는 유일선 부사장을 경영진에서 배제하고, 유한양행의 후계자를 회사 내부의 임원진에서 발탁코자 했다.

1969년 그 첫 번째 후계자로서 전권을 부여받은 전문경영자가 조권순 사장이었다. 신임 조 사장은 60년대에 이미 상무, 전무, 부사장으로서의 임무를 수행했고, 1970년에 제12대 사장으로 취임했다. 이

1968년 총무부장, 1969년 상무이사가 된 연만희 전 회장.

에 앞서 6·25동란을 전후한 '고난기'에 유한양행을 이끌어왔던 백대현, 홍병규 선배는 60년대에 활약을 했으며, 그 외에도 심창원, 김학수, 조동수, 유승호, 배윤선 선배를 비롯한 주요 임원들은 유한양행의 '중흥기'에 많은 힘을 보탰다.

부의 복음

━━━━━ 내가 1961년 유한양행에 입사하고, 10년 동안 유일한 박사의 지도하에 '유일한 정신'을 몸소 배웠다는 것은 앞에서도 말한 바 있다. 1971년 3월 11일, 유일한 박사가 서거하고 그 한 달 뒤인 4월 8일 유언장이 공개되었다. 유언장 공개식장에는 유일한 박사의 외동딸인 유재라 여사와, 나를 포함한 회사의 다른 주요 임원들도 모두 참석했다. 유일선 전 부사장은 미국에서 오지 않았다.

나는 그날 유한양행의 총무담당 상무이사로서 그 자리에서 "이제 모든 이사님들과 유재라 유족대표님도 모이셨으니까 유언장을 공개하겠다"고 말했다.

유언장을 읽어나가는 나의 눈에는 어느새 눈물이 가득 고였다.

이 책을 읽는 독자 여러분도 한번 생각해보시라! 동서고금東西古今을 막론하고, 아니 전 세계의 어느 기업가라도 우리 유일한 박사만큼 자신의 전 재산을 사회에 바친 분이 있을까?

요즘 우리는 마이크로소프트사Microsoft에서 천문학적인 수익을 올린 돈을 사회에 기부한 빌 게이츠Bill Gates나, 버크셔 해서웨이Berkshire

Hathaway의 워런 버핏Warren Buffett 같은 서양 사업가들을 침이 마르도록 찬양한다. 물론 그들처럼 부자가 된 뒤에 부를 사회에 내놓는 것도 대단한 일이기는 하다. 그러나 한국의 유일한 박사는 빌 게이츠나 워런 버핏처럼 세계적인 거부가 되기도 전에, 다시 말하면 유한양행을 창립하는 1920년대 당시부터 "기업에서 얻은 이익은 그 기업을 키워준 사회에 환원하여야 한다"는 '유일한 정신'으로 임했으니, 이는 세계 자본주의 발전사에 있어서도 모범사례가 될 것이라고 생각한다.

그렇다면 빌 게이츠나 워런 버핏, 유일한 박사 가운데 누가 더 위대한 기업가일까? 유일한 박사의 유언장을 보자.

유일한 박사의 유언장

첫째, 딸 유재라에게는 유한공고 안의 묘소와 주변 땅 5천 평을 물려준다. 그 땅을 유한동산으로 꾸미되 결코 울타리를 치지 말고 유한중·공업고교 학생들이 마음대로 드나들게 하여 어린 학생들의 티 없이 맑은 정신에 깃든 젊은 의지를 지하에서나마 더불어 느끼게 해달라.

둘째, 손녀 유일링(당시 7세)에게는 대학 졸업 시까지 학자금 1만 달러를 준다.

셋째, 내 소유 주식 14만941주는 전부 '한국사회 및 교육원조신탁
기금'에 기증한다.

넷째, 아내는 딸이 잘 돌보아주기 바란다.

다섯째, 아들 유일선은 대학까지 졸업시켰으니 앞으로는 자립해서
살아가거라.

유일한 박사의 유언장에 담긴 주요 내용이다. 유언장이 공개된
후, 유한재단의 이사장직을 누가 맡을 것인지에 관한 논의가 이루어
졌다. 그때 한 이사가 먼저 이렇게 말했다.

회장님의 뜻을 잘 이어받을 수 있는 사람이 이사장직을 맡아야 한
다고 생각합니다. 고인의 따님이신 유재라 여사님이 당연히 이사장
을 맡으셔야 한다고 봅니다.

다른 모든 이사들도 "유한의 무궁한 발전을 위하여 당연히 유 여
사님이 맡으셔야죠"라고 동의했다. 나는 그러나 이것이 "유일한 정
신에 맞는 것인지"를 두고 순간적으로 고민에 고민을 거듭했다. 내
가 나설 수밖에 없었다.

외람되지만 제가 한 말씀 드리겠습니다. 저 역시 유재라 여사님의
인격과 역량을 높이 사고 있는 사람입니다만, 이사장 자리를 가족
이 지킨다는 것은 고인의 뜻에 맞지는 않다고 봅니다. 회장님 생전

LAST WILL AND TESTAMENT

I, Ilhan New, being of sound mind and not being influenced by any person or persons, do hereby make and declare this to be "MY LAST WILL AND TESTAMENT" and revoke all former wills and codicils, to wit:

FIRST: To my daughter JANET T. NEW, I bequeath the securities, real estate, balance of bank accounts and other funds in which I have any interest or which stand in the name of myself or to which I am in any way entitled at the time of my death, as described particularly in the attached EXHIBIT A, "List for JANET T. NEW", with the provision that she shall contribute to the needs and welfare of her mother, MARY W. NEW as long as she may live and deposit TEN THOUSAND United States Dollars (US$ 10,000) in the name of ILLING NEW, my grandchild, to be used for her college education.

(G) I do hereby direct that upon incorporation of TRUST FUND FOR SOCIAL AND EDUCATIONAL ASSISTANCE IN KOREA as Foundation being a public interests juristic person under the law of the Republic of Korea, Yuhan shares and Cheil Bank Stock, 3,000 shares held by me, Ilhan New are to be used as said Trust Fund and administered by Yuhan Corporation Directors holding the office of Directors of the Foundation after its coming into existence.

Signed by _____
Ilhan   New
Testator

유일한 박사 유언장 일부

에 아드님 유일선 사장과 조카 분들을 모두 회사에서 나가게 하신 일도 여러분께서 모두들 잘 아시지 않습니까?

나는 유일한 박사 유언장의 팩트fact가 "그게 아니다"라고 거듭 말했지만 역부족이었다. 나 한 사람만 빼고 모든 분들이 '유일한 정신'과는 달리 유재라 여사의 이사장 선임을 찬성했다.

역사는 역사가와 역사적인 사실들 사이에서 일어나는 끊임없는 상호작용의 과정이며, 역사는 또한 현재와 과거와의 끊임없는 대화이다History is a continuous process of interaction between the historian and his facts, an unending dialogue between the present and the past.

역사학자 에드워드 카가 자신의 저서『역사란 무엇인가』에서 했던 말이 떠올랐다. 그는 "역사는 역사와 역사가의 끊임없는 대화"라면서 "그러나 역사는 항상 자랑스러운 것만은 아니지만, 그렇다고 역사를 왜곡하거나 외면해서는 안 된다"고 갈파했었다.

유한스미스클라인 합작회사 대표이사로

━━━━━ 왜 그날 그 중요한 장소에서 에드워드 카의 말이 떠올랐는지 모른다. "역사는 항상 자랑스러운 것은 아니지만, 그렇다고 역사를 왜곡하거나 외면해서는 안 된다"는 말이 나의 뇌리에 스쳤

다. 그러나 결국 그날의 대세는 유재라 여사의 유한재단 이사장 취임 쪽으로 확정되었다.

'자의반타의반自意半他意半'이라는 말은 이럴 때 쓰는 것일까. 유일한 박사가 떠난 후 어느새 10년이라는 세월이 흘렀다. 나는 1982년 요샛말로 하면 '자의반타의반'으로 유한양행의 계열회사인 '유한스미스클라인'이라는 합작회사의 CEO로 나가게 되었다. '유한스미스클라인 발령'이라는 시작은 '자의반타의반'으로 이루어졌지만, 그 나중은 전화위복이 되었다고 나는 믿는다.

유한스미스클라인은 어떤 회사인가?

한국에는 1968년 영국의 글락소Gloxo Co.와 미국의 스미스클라인 Smith Kline&French Co.이 따로따로 진출해 한국지사를 차렸었다. 글락소의 경우 당시 미원약품을 통해 한국에 진출했으며 미원약품이 1972년 종근당에 인수됨으로써 1974년 한국메디카로 이름이 변경되었다가 1986년 종근당과 50:50 합작투자를 통해 한국그락소로 사명이 다시 변경되었다.

구충제 젠텔, 코감기 콘택, 위궤양 타가메트 등으로 유명한 스미스클라인은 1970년대에 유한양행을 통해 한국에 들어왔고, 1982년에는 유한양행과 합작하여 다국적 제약회사로 유한스미스클라인이 설립되었다. 나는 유한스미스클라인의 대표이사CEO/General Manager로 부임하게 되었다.

그동안 유한양행에서는 일찍이 경험하지 못한 다국적기업의 경영 노하우를 실제 현장에서 배울 수 있었다. 대학을 나왔지만 한동안 영어에 유창하지 못해 애를 먹었지만, 합작회사 유한스미스클라인에서 많은 다국적 기업인들을 만나게 되면서 그동안 나의 위크 포인트weak point이기도 했던 영어에 자신이 붙어 영어에 관한 콤플렉스를 '비록 콩글리시Konglish이긴 하지만' 완전히 벗어날 수 있었다. 뿐만 아니라 선진 다국적 제약회사의 한국법인 CEO로 일하는 동안 다국적기업의 경영 방식을 섭렵했고, 미국식 매니지먼트와 미국식 의사결정 방식을 습득하는 데 중요한 기회가 되었다. 다른 말로 표현하면 잠시 유한스미스클라인으로 파견 나간 것이 결국 유한양행의 차기 CEO가 되기 위한 준비 기간으로 활용된 것이다.

역시 위기危機란 위험과 기회의 두 가지 조건을 갖고 있다는 것을 실감했다. 세계적인 백신 회사인 스미스클라인의 간염 백신인 엔제릭스 B를 유한양행을 통해 한국에 도입하고자 했으나, 백신을 공급하기 위해서는 백신전용 냉장운송차(콜드체인)를 도입하는 등 자본투자가 추가로 필요했다. 이에 부담을 느낀 유한양행의 영업담당들의 반대로 추진하지 못하고 당시 동신제약에 판매권을 이전한 점은 유한양행이 백신사업을 시작할 수 있는 기회를 놓쳤다는 점에서 많은 아쉬움으로 남아 있기도 하다.

1987년 1월 1일자로 나는 '내 인생의 고향'인 유한양행 부사장으로 돌아왔다. 내가 잠시 유한의 계열회사에 나가 있는 동안, 회사의 사세는 급격히 기울어지고 있었다고 한다. 설립 초기만 해도 국내 제약회사 가운데 법인세를 가장 많이 내는 선두기업이었던 유한양행은, 1980년대 후반, 당시 내부로는 강력한 리더십의 부재로, 밖으

스미스클라인 존 채플(John Chappell) 본사 사장이 참석한 경영전략회의에서.

로는 강성 노사분규 등으로 인한 사장침체 등의 경영악화로 창업 이후 최악의 위기를 맞고 있는 것처럼 보였다. 나는 일종의 구원투수라고 생각했다.

유한양행에 컴백하기 직전의 어느 날, 유일한 박사의 따님인 유재라 여사로부터 연락이 와서, 우리 둘은 당시 서울 세검정 근방의 호텔 커피숍에서 만났다. 우리는 대체로 이런 대화를 나눴다.

유재라 여사 · 연 사장(유한스미스클라인)님, 유한의 경영을 다시 맡아주세요. 부탁드립니다.

나 · 감사합니다. 하지만 유한양행의 사장은 아무나 하는 게 아니지 않습니까.

유재라 여사 · 지금 유한양행이 모종의 돌파구를 찾지 않으면 회사가 정말 힘들 것 같아요.

나 · 지금 선배님들께서 잘하고 계시지 않습니까?

유재라 여사 · 저는 아버지(유일한 박사)께서 가장 아끼셨고 아버지의 뜻을 누구보다도 잘 알고 있는 연 사장님이 회사를 맡아주시기를 간곡히 부탁드립니다. 아버지의 유훈遺訓을 따른다는 뜻에서도 꼭 받아주시길 바랍니다.

나 · 좋습니다. 그러나 한 가지 말씀드릴 것이 있습니다. 지금 사장을 맡고 있는 분이나, 다른 모든 분들이 원만하게 저를 다시 받아들일 수 있는 여건에서 불러주십시오.

유재라 여사 · 그건 염려 마세요. 이사회를 열어 대표이사의 선임

절차를 공식적으로 밟을 겁니다.

1988년 유한양행 대표이사 사장으로

하늘의 그물은 굉장히 넓어 엉성해 보이지만 하늘은 단 하나라도 놓치지 않는다 天網恢恢疎而不失.

하늘은 뻥 뚫려서 아무것도 거르지 못하는 것처럼 보이지만, 하늘은 '선과 악'을 하나도 놓치지 않고 판단한다는 뜻으로 노자老子의 『도덕경』에 나오는 말이다.

세상의 일이란 참으로 오묘하다. 원래의 장점이 단점이 되기도 하고, 또한 단점이 장점이 되기도 한다. 나는 유재라 여사의 간곡한 부탁으로 1987년 유한양행의 부사장으로 컴백했고, 이어서 1988년 2월 26일 '서울올림픽의 해'에 대표이사 사장이 되었다.

고향에 돌아오니 만감이 교차했다. 사장실에 걸려 있는 유일한 박사의 사진 앞에서 "미스터 연만희가 다시 돌아왔습니다"라고 인사를 올리자, 왠지 눈물이 났다. 그러나 옛 고향은 따뜻했고, 고향의 모든 선후배 동지들도 반가이 나를 맞이해주었다.

나는 유한양행에 돌아오자마자 임직원들을 불러놓고 "유한의 옛 명성을 되찾자"고 호소하고 "이를 위해 우리 모두 함께 신경영을 추진해나가자"고 당부했다. 나는 또한 취임사를 통해 신제품 개발과 시스템 경영 등 경영혁신을 통해 '새 유한 건설', '새 유한 도약', '새 유한 창조' 등의 의욕적인 슬로건을 내걸고, 우리 모두 힘을 합쳐 과거의 명성을 되찾아 제약업계 1등 선도회사로 도약하자고 당부했다. 그러면서 "우리 유한인은 전통의 노예가 되어서는 안 된다"고 강조했다. 무슨 말이냐 하면, 오랜 역사와 전통의 회사라는 자부심이 자칫 안이하고 느슨한 조직으로 나가는 것을 경계하자는 뜻이었다. 1926년 설립된 유한양행은 1988년 당시 창립 62주년이 되는 초우량 장수기업이지만, 그러나 "지속적인 자기계발과 혁신 없이 전통에 안주한다면 유한의 미래는 없다"는 뜻에서 이 말은 또한 나 자신에게 보내는 절박한 메시지이기도 했다.

나는 또 유한양행을 비롯한 우리 제약업계가 발전하기 위해서는 협소한 국내시장에서 과당경쟁을 벌이는 것을 중단하고 신약개발의 노력을 통해 세계시장으로 나가야 한다고 거듭 역설했다. 이를 위하여 나는 해외시장 개척비 예산을 5배나 증액하여 편성토록 지시하고, "우리 수출담당자들은 늘 해외에 나가 있어야 한다"고 독려했다. 선진 해외시장을 개척하기 위해서는 선진 제약사에 공급할 수 있는 생산량과 품질을 보증할 수 있는 현대적 생산시설이 필요하다는 것을 절감하고, 유한의 자회사로 원료의약품 생산회사인 유한화학에 대대적으로 자금을 투자, 대량생산의 기반을 구축하기도 했다.

근 30년 동안 유한양행과 유한스미스클라인에서 잔뼈가 굵은 나는 그 당시에는 유한의 내부사정은 물론 우리나라 제약업계의 실정을 어느 정도는 거시적으로 파악하고 있어, 미시적으로도 유한이 나아가야 할 기본 방향과 전략에 있어서 어느 정도 자신이 있었다.

내가 유한양행 사장으로 복귀할 당시의 경영상황을 보면 상당한 성과도 있었던 것 같다.

총력으로 새 유한 건설하자

━━━━━ 1988년 2월 26일 취임식에서 나는 신경영 지표로 '총력으로 새 유한 건설'이라는 기치를 내걸고 이의 실천을 위해 ① 진취적 경영체제의 확립, ② 적극적인 마케팅 활동, ③ 사업부별 책임관리, ④ 성장지향의 연구개발, ⑤ 능동적인 업무자세 등의 행동지표를 설정했다.

1989년에는 '도약하는 새 유한'이라는 지표 아래 ① 사업부별 목표달성, ② 시장지향의 연구개발, ③ 협동정신의 함양 등의 세 항목을 제시했다.

1990년에는 '전진 90 새 유한 건설'이라는 슬로건 아래 ① 진취적인 관리체계 확립, ② 성장지향의 마케팅 활동, ③ 적극적인 사업개발, ④ 인화단결의 사풍확립을 제시했다.

1991년에는 '혁신 91 새 유한 창조'라는 캐치프레이즈 아래 ① 장기경영 전략체계 구축, ② 사업부별 목표달성, ③ 자기계발의 극대화를 내걸었다.

1993년에는 '93 총화약진'이라는 경영지표 하에 그의 실천 요강으로 ① 기업경쟁력의 강화, ② 부문별 책임완수, ③ 앞선 사고와 앞선 실천 등을 제시했다.

이와 같은 나의 혁신적이고 진취적이며 적극적인 경영지표 하에 유한의 전 임직원들이 총진군總進軍한 결과 매출액은 1988년 756억, 1989년 891억, 1990년 979억, 1991년 대망의 1천억 대를 돌파하는 1,139억9,200만 원이 되었고, 1992년에는 1,334억을 마크하여 1987년의 701억2,000만 원보다 무려 632억8,300만 원이 증가함으로써 획기적인 사세확장을 이룩하였으며 업계 수위권을 탈환했다. 총자산 규모도 1987년도의 648억3,100만 원보다 약 2배가 증가한 1,383억8,600만 원이 되었다. 더 자세한 내용은 박광서 교수의 저서『전문경영인 연만희의 기업활동과 경영이념』에서 살펴볼 수 있다.

기업의 장기적 발전을 위해서는 연구개발R&D 투자가 긴요하다. 그러기 위해선 장기투자가 불가피하다. 나는 이같은 생각으로 유한양행 중앙연구소를 발전시키기 위하여 독립건물을 준공했고, 제약업계 최초로 '의약품 안전성 시험관리 기준KGLP' 연구동을 준공했다. 신약개발의 기반을 확립하기 위하여 매년 매출액의 4% 내외의 연구개발 투자를 단행했다. 최고의 신약개발을 위하여 박사 6명, 석사 56명을 포함한 연구소의 연구인력을 보강했고, 그러다 보니 연구개발 인력만 100명을 돌파(실제 116명)하는 데 성공했다. 2004년에는 새한기술원 부지(약 7,763평)를 합리적인 가격에 사들여, 2005년 국내 제약업계 최대 규모의 중앙연구소(경기도 기흥)와

오창 신 공장을 완공한 것 등은 큰 보람으로 남아 있다. 그때 중앙
연구소 건설과 연구개발이 기반이 되어 오늘날 유한양행이 폐암
치료제 '렉라자Leclaza' 등의 혁신신약을 성공리에 론칭하는 데 작은
돌을 쌓았다는 점에서 큰 보람으로 생각한다.

상생·공생·공존·공영의 정신으로

1988년이라면 서울올림픽이 열린 역사적인 해이다. 나
개인적으로도 58세의 최고경영자(1930년생)로서, 가장 열정적으로 회
사를 이끌어나갈 수 있었던 시기였다. 그 무렵 나는 주미대사를 지
낸 김경원 박사가 쓴 〈보수와 진보, 서로를 배워라〉라는 명칼럼 가
운데 '상생·공생·공존·공영'이라는 구절이 있어 이를 수첩에 새겨놓
고, 우리 유한양행의 노사관계에서도 "상생·공생·공존·공영의 정신
으로 노사분규가 없는 회사, 노사화합과 협력의 모범회사가 되자"고
열변을 토했던 기억도 새롭다.

또한 나는 '유일한상賞'을 받은 안병욱 교수의 철학적인 말을 좋아
한다. 안 교수는 "가장 지혜로운 사람은 경청하는 사람이고, 가장 강
한 사람은 자신을 이기는 사람이고(양심을 지키는 사람), 가장 행복한
사람은 자기만족을 할 줄 아는 사람이다"라는 말씀을 자주 했다. 나
역시 남의 말을 경청하고, 나 자신을 이기기 위해 노력하고, 긍정과
열린 마음으로 자기만족을 해왔다고 생각한다. 왜냐하면 직장에서
높은 직위로 올라갈수록 조신操身해야 할 일이 많기 때문이다.

나는 평생 술과 담배를 기피했다. 비즈니스맨이 가져야 할 최소한의 에티켓이라고 생각한다. 나는 또 친애하는 유한의 임직원들에게 항상 "인생을 살면서 꼭 정도正道를 걸어라, 그리하면 걱정할 것이 없고, 모든 일이 잘될 것이다"라고 말하곤 했다. 이러한 삶의 방식은 비단 나만이 갖고 있는 것은 아니다. 서양 격언에도 올바로 살면 "모든 것이 잘될 것이다Everything is going to be alright"라는 말이 있지 않은가? 이 모든 것은 유일한 박사로부터 배운 것이다. 정도경영! 이것이야말로 유한이 오늘날까지 걸어온 길이고 또 앞으로도 걸어가야 할 영원한 길이리라!

유한의 '마그나카르타'로

■■■■■■ 나는 1988년 유한양행 대표이사 사장 취임식에서 "이제부터 주인이 없는 회사라는 손가락질을 받지 않기 위해서라도 우리 모두의 변화가 불가피하다"고 말했다. 그리고 조직을 젊게 하기 위한 제도로 '직급정년제職級停年制, positional retirement'를 도입하겠다고 밝혔다. 그러나 당장 노동조합의 커다란 반발이 있었고 또한 여러 가지 현실적인 사항을 고려하여 약간의 시차를 두어 실시하기로 했다. 이런 과정을 거쳐 1992년부터 일정기간 내에 승진이 안 되는 직원들을 승진대상에서 제외시키는 직급정년제를 시행해, 구조조정을 성공리에 이끌어내게 됐다. 결과적으로 조직이 대폭 젊어졌다는 평을 받았다. 이러한 선제적인 조직개편으로 유한양행은 남들보다 앞

서 구조조정을 하는 데 성공해 1997년 IMF 외환위기를 비교적 성공적으로 극복할 수 있었다.

1980년대 중반기까지 답보상태를 보였던 유한양행은 내가 경영을 맡아 대표이사 사장이 된 1988년부터 다행스럽게도 연평균 20%의 성장세를 이어 나갔다. 1991년에는 대망의 1천억 원(1,139억9,200만 원) 매출기록을 올려 '한국 최고의 제약회사'라는 유한양행의 명성을 되찾았다. 아울러 미래를 위한 신약개발과 해외수출을 독려하는 한편, 사원들의 의견을 최고경영자가 직접 듣고 소통하는 선진 '사원운영위원회'를 제도화했고, 나아가서 '주인이 없는 회사'라는 비웃음을 뛰어넘는다는 의미에서 유능한 전문경영인이 CEO를 맡는 '유한의 전문경영자 승계 시스템'을 확립했다. 이는 지금도 큰 보람으로 생각한다.

1980년대와 90년대에 걸쳐 실시한 유한의 전문경영자 시스템, 다시 말하면 유한의 '선진 지배구조 시스템'은 오늘날 유한양행의 전통으로 계승되어 지금까지 지속가능 발전의 지렛대가 되고 있다. 물론 이 모든 것은 내가 한 것이 아니라, 유일한 박사의 유언장과 유재라 여사와 체결한 '합의서'의 내용을 그대로 실천한 것뿐이다. 그런 의미에서 '유일한 정신'의 가장 돋보이는 부분인 유한의 지배구조 시스템이 앞으로도 영원히 뿌리내려 유한의 '마그나카르타Magna Carta'로 뿌리내리기를 간절히 바란다.

빛이 밝으면 그늘도 깊어진다는 말이 있다. 1997년 11월 21일,

MBC 뉴스데스크에서 이인용 앵커가 급박하게 한 말을 수첩에 기록해둔 자료가 있다.

정부가 결국 국제통화기금IMF에 구제금융을 신청하기로 했습니다. '경제우등생 한국의 신화'를 뒤로한 채 사실상의 국가부도를 인정하고, 국제기관의 품안에서 회생을 도모해야 하는 뼈아픈 처지가 된 것입니다.

유한양행도 1997년 당시 외환위기를 비켜갈 수는 없었다. 당시 미국 킴벌리클라크Kimberly Clark와 4:6으로 합작회사 유한킴벌리를 운영하고 있었으나, 나는 외환위기를 극복하기 위하여 유한킴벌리 주식의 10%를 킴벌리클라크에 매각하기로 결정했다. 회사 안에서는 지분비율이 10% 줄어드는 것에 일부 반발도 있었지만, 외환위기로 인하여 많은 기업들의 현금사정cash flow이 악화된 상황에서 유한양행은 지분매각을 통해 외화 3천400만 달러(약 480억 원) 상당의 현금을 확보해 당면 위기를 무사히 넘길 수 있었다. 돌이켜보면 당시 지분매각을 결정해 이를 통해 현금을 확보한 것으로 IMF 상황하에서 재무적 상황을 슬기롭게 극복할 수 있었고 이는 2000년대 유한양행의 지속가능한 발전의 밑거름이 되었다고 생각한다.

'IMF' 1년 만에 개혁에 성공한 기업으로

━━━━━ 1997년 연말은 잔인했다. 그해 겨울 IMF는 마치 밤도둑처럼 한반도를 강타했다. IMF라는 손님이 한국기업들에 찾아왔을 때, 기업마다 구조조정 작업이 폭넓게 이뤄졌다. 당시 서울경제신문은 "부채비율 감축 등 재무구조 개선부터 사업구조 개편, 외자 유치, 계열사 축소, 자산매각 등 다양하게 IMF 대처 방식이 나왔다"면서 그 가운데에서 두산(재무구조 개선), 한솔(외자 유치), 한화(업종 전문화) 그리고 유한양행(투명경영)에 대해서는 이같은 평가를 내렸다.

유한양행은 기업이윤의 사회 환원에 앞장서 온 '국민의 기업'으로 잘 알려진 것처럼 투명경영이 구조조정의 대표적 사례로 꼽힌다. 유한재단, 유한학원 등 공익단체가 약 40%의 주식을 소유, 바람직한 소유구조를 띠고 있다. 따라서 기업 이미지도 좋고 직원들의 근무의욕도 높다. 1998년 3월에는 직원들에게 근로의욕을 북돋우기 위해 회사 총 주식의 10%인 38만9천 주의 주식을 스톡옵션 방식으로 배분했다. 직원당 500~1,000주가 분배된 이 주식은 신약 개발과 함께 주식 값이 크게 뛸 것으로 보이는 3년 뒤에 되팔 수 있도록 했다. IMF 금융위기를 타개하기 위해 유한킴벌리의 지분 40% 중 10%를 미국 킴벌리클라크에 매각, 3천400만 달러의 외자를 유치했다. 이 돈은 자금으로 사용하지 않고 현재 개발 중인 간장질환 치료약물과 위궤양 치료약물, 항암약물 등 신약개발에 투자해 경쟁력을 키우고 있다. 이는 부채비율이 100% 미만에 불과,

자금사정에 여유가 있기 때문이다. 1998년 9월에는 경기 시화공단에 300억 원을 투자해 원료의약품 합성공장을 완공, 해외시장을 적극 개척 중이다. 내년(1999년) 수출액은 올해 3천300만 달러에서 5천만 달러 수준으로 대폭 끌어올릴 수 있을 것으로 기대하고 있다. 이와 함께 인위적인 감원을 피하는 대신 빈자리를 충원하지 않는 방법으로 인적자원 조정을 이뤄냈다.

자랑스러운 '유한의 전문경영자 시스템'

━━━━━━ 나는 유한양행이 '1등' 제약회사로 성장, 발전하기 위한 장기 경영전략으로서 미국의 '후버댐Hoover Dam 식 경영'을 제창했다. 미국의 31대 대통령 허버트 후버Herbert Hoover가 대공황 당시 후버댐 건설로 뉴딜정책을 성공시킨 것처럼, 나 역시 유한양행의 전문경영 자로서, 후버댐 건설과 같은 장기경영전략이 필요하다고 본 것이다. 흔히 전문경영자는 단기실적에 급급해 회사의 장기이익을 등한시하는 함정에 빠지기 쉬운데, 단기이익이나 이해관계에 얽매이지 말고 장기적인 안목으로 유한의 미래비전을 설계하자고 생각한 것이다.

나는 '유일한 정신'에 기초하여, '유한양행 전문경영자 시스템'을 계속 유지하고 발전시켜나가기 위하여 유한양행 대표이사의 임기를 6년으로 설정하는 혁신적인 인사원칙을 확립했다. 다시 말하면, 유한양행의 임원은 '3년+3년 임기제'로 못 박고, 나아가서 대표이사가 물러나기 1년 전 차기 대표이사 후보의 임명을 원칙으로 정했다. 이는 유일한 정신을 계승하여 유지하고 발전시키는 데 크게 기여한 것으로 생각한다. 임원 임기가 3년인데 당시 나는 부사장 1년, 사장을 연임해서 5년을 했으므로 도합 6년을 하게 되었다. 재단에서 "한 번 더 하라"고 했지만 3기 연임을 하면 '유일한 정신'의 전통이 깨질 것으로 우려해 거절했다.

조직은 항상 '신체적으로나 정신적으로나' 젊어야 한다. 내가 '유일한 정신'에 근거하여 유한양행의 최고경영자 시스템을 재정립한 것은 미래의 유한을 위해서 매우 적절한 의사결정이 아닌가 생각한다. 어떤 이들은 나를 보고, 유한의 대표이사에서 물러나고서도 계속 경영권을 행사했다고 비판하는 경우도 있는 것으로 안다. 이러한 주장에 항변할 생각은 전혀 없다. 나는 결코 경영권을 일방적으로 행사하지 않았다. 유한의 대표이사는 '부사장 포함' 6년과 대표이사 회장을 역임하고 만 66세가 되는 1996년 회사 경영에서 나는 물러났다.

나는 유한재단 등에서 이사장, 고문직을 맡으면서 유한의 선진 지배구조 시스템을 구축하는 데 '청지기 역할'을 수행해왔다고 자부한다. 지금도 '구십이 넘은 노인'이 유일한 박사가 세운 보건장학회 이사장을 맡고 있다. 내가 정직하지 못하거나 무슨 잘못한 일이라도 있다면 유한재단에서나 유한의 직계인 유재라 여사 등이 나를 그냥 보고만 있었겠는가? 유일한 박사가 나를 철저히 믿었듯이, 유재라 여사도 나를 유한의 기둥처럼 믿어주셨다. 나는 재단과 협력했고 또한 유재라 여사 등 재단 이사장과도 친밀한 인간관계를 유지했다. 유일한 박사가 나를 신임한 것처럼 유재라 여사도 세상을 떠날 때까지 나를 끝까지 신뢰했고, 미국에 사는 유일링 손녀와도 지금까지 서로 신뢰하고 있다.

유한양행의 오너 3대가 모두 '연만희'를 신뢰한다는 것은 무슨 의미일까? 거듭 말하지만 '유한 60년'을 근무하면서 나는 결코 나쁜 짓을 하지 않았다는 것을 지금도 나는 '리스펙트 유일한' 박사에게 맹세할 수 있다.

과거 한국전쟁 당시, 맥아더 장군을 해임시킨 것으로 유명했던 트루먼 미국 대통령의 집무실 책상 위에는 "모든 책임은 나에게 있다"라는 문구가 담긴 'The Buck Stops Here'라는 팻말이 놓여 있었다고 한다. 트루먼 대통령은 국가의 중요한 최고 의사결정을 내릴 때마다 이 문구를 기억하면서 대통령의 책임을 가다듬었다고 한다.

나 역시 유한양행의 모든 의사결정에 책임을 지는 대표이사 사장으로서 "모든 책임은 나에게 있다"는 정신으로 경영에 임했고, 또한 "기업은 일터이면서 좋은 인재를 발굴하는 책임을 갖고 있다"는 유일한 정신의 인재양성 철학을 실천코자 노력했다. 또 어떤 경우에도 "빚을 지지 말라"는 '유일한 정신'에 따라 "무리하지 않은 경영만이 회사를 지킨다"는 각오로 최선을 다했다.

물론 어려운 일도 없지 않았다. '유일한 정신'을 훼손하지 않고 원형 그대로 고수固守하는 과정에서 나 역시 일부 비난을 감수해야 했다. 경우에 따라서는 일부 모함도 겪었지만, 나는 항상 당당하다고

110

생각해왔고 지금도 떳떳하다. 나는 오로지 유일한 정신을 지켜야 한다는 사명감으로 나 스스로를 채찍질해왔을 뿐이다. 세상에는 창업주가 타계한 뒤 그가 경영하던 기업 또는 교육자선재단 등이 표류하는 경우가 많다. 어느 경우에는 창업주의 가족들이 경영과 재산분배를 둘러싸고 법정싸움을 벌여 국민들의 눈살을 찌푸리게 하는 경우도 많이 볼 수 있다. 그러나 유한양행의 경우에는 유일한 박사가 타계한 후에도 경영권을 둘러싼 혼란이 전무했을 뿐만 아니라 오히려 지속가능 기업으로 더욱 탄탄해졌다.

여기에는 유일한 박사의 숭고한 이념을 계승해온 유한의 많은 전문경영인을 비롯한 유한인들의 단합된 노력이 뒷받침된 것은 물론이지만, 유일한 박사의 혈족인 유재라 여사의 결단과 공평무사한 협조가 없었다면 불가능한 일이었으리라!

다 지나간 이야기이지만, 유한양행 르네상스라고 부를 만큼 유한의 경영이 다시 안정권에 접어들던 어느 날, 유재라 여사가 나의 사무실을 찾아왔다. 우리는 그날 매우 정중하고도 우호적인 대화를 나누었던 것으로 기억한다. 다음의 이 짧은 대화록을, 지금은 고인이 된 유재라 여사에게 바친다.

유재라 여사와 나눈 너무나 인간적인 대화록

━━━━━━ 그날 나와 유재라 여사와의 단독 대화는 양자가 모두 상생하는 이른바 '브이아이씨티오알와이VICTORY'로 불리는 상승相勝

의 날이었다. 과거의 작은 앙금일랑 모두 털어버리고 유한의 대장정 大長征을 위하여 우리가 힘을 합쳐 한길로 나아가는 승리의 날이었다 고 지금도 기억한다.

유재라 여사 · 사장님! 정말 수고 많으셨어요. 항상 고맙게 생각 하고 있습니다.

나 · 아이고! 감사합니다. 몸도 불편하신데 손수 찾아주셔서 제 가 더 고맙습니다.

유재라 여사 · 정말로 연 사장님께서 일을 다부지게 해주셔서 이 젠 마음이 놓여요.

나 · 제가 유일한 박사님 이름에 누累 과오를 끼치지 않았는지 모 르겠네요.

유재라 여사 · 아닙니다. 아버지께서도 지하에서나마 무척 고맙 게 생각하실 거예요.

나 · 감사합니다. 그런데 여사님께 하나 물어볼 게 있습니다.

유재라 여사 · 뭔데요?

나 · 유일한 박사님의 '유언장'을 공개하는 날, 제가 나서서 여사 님의 재단 이사장 취임을 반대했잖아요? 이에 대해 무척이나 섭섭하게 생각하시진 않으셨는가요?

유재라 여사 · 호호호! 그걸 아직껏 마음에 두셨군요, 저는 생각도 안 나는걸요.

나 · 감사합니다. 제가 회사를 위해서 열심히 일하고자 하는 뜻을 뒷받침하고, 나아가서 유한은 앞으로 "이렇게 가야 한다"고 늘 방향을 제시해주시고, 그래서 유한의 현재와 미래를 위해 교두보橋頭堡 역할을 해주신 것을 다시 한 번 감사 올립니다.

유재라 여사는 유일한 박사의 정신을 이어받아 '회사를 사랑하는 마음', '사회를 위해 봉사하는 마음'으로 유한재단을 이끌어나갔고, 가족 대표로서 유한양행의 입지를 확고히 다지는 데 큰 기여를 했다. 유일한 박사에 이어 유재라 여사(1929~91년)도 사후에 많은 재산을 사회에 환원했다. 여사는 1991년 개인소유주 22만6천787주(유한양행 총주식의 12.8%) 등을 유한재단에 기부하고 세상을 떠났다. 또한 미화 300만 달러 상당의 잔여 재산도 유 여사의 모교인 캘리포니아 대학교 버클리에 기증하여 가칭 '유재라 기증기금Janet T. New Endowed Fund'으로 운영되고 있다. 2006년경 캘리포니아 대학교 버클리 총장으로부터 '유재라 기증기금'의 효율적인 운영을 위해 유한양행의 차원에서 추가 기부를 할 수 있는지를 요청받았지만 회사 차원에서의 기부는 애로사항이 있음을 설명했다. 2007년 3월, 나는 개인적으로 미화 50만 달러 상당의 기금을 캘리포니아 대학교 버클리에 기부하면서 '유재라 장학기금Janet T. New Graduation Fellowship Fund'을 설립해, UC 버클리에서 경제학을 전공하는 우수 대학원생에게 장학금을 지원하도록 해서, 유재라 기증기금의 명맥을 이어 오게 했다. 최근까지도 장학금 수혜자들로부터 감사의 글과 기금운용 내역을 받아보고 있다. 선행은 항상 기쁜 일이다.

왼쪽부터 연만희 전무, 조권순 유한양행 사장, 유재라 유한재단 이사장.

정부는 유재라 여사에게, 선친 유일한 박사처럼 국민훈장 모란장을 수여했다. 유일한 박사의 손녀인 유일링은, 유일한 박사의 유언장에서 유일하게 유산을 상속받은 사람이다. 하지만 그것도 학자금 명목으로 '1만 달러'뿐이었다.

유일한 박사, 유재라 여사, 유일링으로 이어지는 유일한 가문의 '부富의 사회환원'은 한국 경영사, 한국 자본주의사뿐만 아니라 세계 경영사, 세계자본주의 발전사에도 중요한 기록을 세운 것이라고 나는 확신한다. 유한양행의 3대가 모두 유한양행 경영에서 손을 떼고 사회사업이나 국가봉사에 참여하고 있다는 사례는 동서고금을 통틀어 매우 이례적인 사례가 아닐 수 없다. 앞으로도 유일한 박사의 유일한 정신과, 유한양행의 선진 지배구조 시스템은 보다 깊이 학문적으로 분석해 한국사회는 물론 세계 경제사회에 알려나가고자 한다.

다음은 『나라 사랑의 참 기업인 유일한』에 수록된 유일한 박사의 '1만 달러 상속 손녀'인 유일링의 유일한 박사에 대한 짧은 기억이다.

할아버지는 저에게 뭐가 되라고 강요하지 않았어요. 다만 자라서 뭐가 되고 싶다든지 혹은 네가 하고 싶은 것을 스스로 선택해서 남에게 의지하지 말고 자립적으로 하라고 하셨어요. 그리고 할아버지는 매사에 불평투성이이거나 비관적인 성격의 사람을 싫어하셨어요. 또한 무엇보다 게으른 사람이 되지 말 것을 강조하셨어요. 그리고 자신에 대해서 자부심을 가지라고 말씀하셨어요.

인류의 '유일한이즘'으로

━━━━━━ 인테그리티integrity라는 말이 있다. 진실, 무결점, 완전, 온전 등으로 번역되는 말이다. 또한 프로그레스progress라는 단어가 있다. 진보, 진전, 발전, 진행이라는 뜻이다. 나는 유일한 박사가 서거하셨을 때 그 유언을 집행한 실무 책임 임원이었고, 나아가서 유일한 박사에 이어, 대를 이은 유재라 여사의 유언까지 실무 책임 및 집행을 맡았었다.

'리스펙트 유일한' 박사, 유재라 여사, 유일링 손녀 등 3대로 이어지는 '유일한 패밀리'에게 나는 유한의 전문경영자로서 항상 고맙게 생각한다. 자신들의 부귀영화를 3대에 걸쳐 모두 포기하고, 유한의 번영만을 기대하는 이들 창업자 가족들을 위해서라도 유한은 영원히 성장하고 발전하여 국가와 사회에 기여하고 나아가서 인류에 공헌하는 회사가 되기를 기도하는 마음으로 바란다. 유일한 박사를 평생 존경했고 지금도 유일한 정신을 온전히 지키고, 계승시키고 발전시키는 파수꾼으로서, 나는 유일한 박사가 일찍이 유한양행 로고에 쓰셨던 '인테그리티 앤 프로그레스Integrity & Progress' 정신을 지지한다. 그런 뜻에서 '유일한 정신'은 '지속가능의 정신'이고, '발전도상의 정신'이라고 말하고 싶다.

앞으로 3년 후가 되는 2026년은 유한양행 100주년(1926~2026년)이다. 유한양행과 유한양행 그룹 및 재단에서 평생을 몸담았던 사람으로서, 유한양행 100주년이야말로 '유일한 정신'을 계승 발전시켜 나감과 동시에 유일한 정신을 재해석하여 인류의 유일한이즘New Il

Hanism으로 발전시키고, 더 나아가서 '유일한이즘'의 교재를 영문으로라도 발간해서 세계 경영학계에 널리 알려야 한다고 본다.

이제 유일한이즘이라는 것은 유일한이라는 사람의 '사적인 기억'에서 한국 경영사로, 나아가서 세계 경영사의 '공적인 기억'으로 업그레이드돼야 한다는 것이 나의 지론이다.

선구자의 노래를 들으면서

일송정 푸른솔은 늙어 늙어 갔어도
한줄기 해란강은 천년 두고 흐른다.
지난 날 강가에서 말 달리던 선구자
지금은 어느 곳에 거친 꿈이 깊었나.

윤해영 선생이 작사하고 조두남 선생이 작곡한 노래 〈선구자〉를 듣노라면, 유일한 박사가 떠오른다. 일송정 푸른 소나무는 늙어 늙어가더라도 한줄기 해란강처럼 우리 유한양행은 백년 천년 두고 흘러가야 한다고 생각한다. 나는 자본과 경영의 분리를 제창하고, 실천한 '유일한 정신'을 체계적으로 연구하여, 이를 '유일한 학學'으로 발전시켜나가게 될 때, 유일한 박사가 '공적인 기억'으로 평가될 것으로 생각한다.

일제에 항거한 독립운동가로서, 장학과 교육사업을 펼친 교육가로서, 선구적인 경영이념과 경영철학을 남긴 기업가로서, 평생을 국가와 사회에 헌신한 지도자로서, 유일한 박사의 업적을 기리고, 유일한 정신을 계승·발전·홍보하기 위한 학술 기념사업을 공식적으로 추진하기 위해서 작은 특수 연구재단을 2023년 8월 설립하였다. 유한재단과 유한학원이 '유일한 정신'의 취지와 목적사업에 맞게 운영되어왔듯이 새로이 설립하게 될 '유일한박사 기념연구재단'(가칭)은 ① 유일한 박사의 업적에 대한 사료의 수집, 조사, 연구 활동 및 학술연구 지원사업, ② 유일한 박사의 '유일한 정신' 및 그 정신의 유지, 계승, 발전 과정에 대한 조사와 연구 활동 및 '유일한 학' 학술연구 지원사업, ③ 유일한 박사의 업적을 기념하고 그 정신을 계승하기 위한 상연회, 토론회, 세미나 등의 기념사업, ④ 유일한 박사의 유일한 정신을 영속적으로 유지, 발전시키고자 하는 젊은 연구자들과 지식인들이 참여하는 '유일한 포럼' 운영, ⑤ '유일한 학술상'(가칭) 운영과 같은 목적사업에 맞게 운영할 계획이다.

나는 1961년 유한양행에 입사한 이후 62년간, 그리고 1971년 유일한 박사가 영면하신 이후 52년간 유일한 정신이 지켜질 수 있도록 노력해왔다. 나를 비롯한 유한의 선후배 전문경영인들의 진정한 노력과, 유일한 박사의 직계가족인 유일링을 비롯한 유일한 박사의 경영이념과 철학에 관심을 갖고 있는 젊은 지식인들의 적극적인 '유일한 학'의 연구가 앞으로도 지속되기를 바란다.

유일한 정신과
유일한 학

20세기 초 잉태된 유일한 정신은
21세기 초 ESG보다 한 세기나 앞섰기 때문에
유일한 박사의 ESG 정신은 전 세계에 알려야 한다.

'유일한 학'을 제창하는 이유

▬▬▬▬▬▬ '유일한 정신'이란 무엇일까. 나는 유일한 박사의 '유일한 정신'은 앞으로 한국 경영학계는 물론 세계 경영학계와 더불어 '유일한 학學'으로 발전시켜나가야 한다고 믿고 있다. 유일한 박사는 한국의 기업가 최초로 '자본과 경영'을 분리시킨 인물이다. 소년 시절 혈혈단신, 미국으로 떠났다가 자수성가하여 귀국한 유일한 박사는 1926년 개인회사 '유한양행'을 설립하고, 10년 후인 1936년에는 공식적으로 '주식회사 유한양행'을 설립하며 자신의 개인회사를 법인회사로 바꾸는 결단을 내렸다. 유일한 박사는 아마도 이 무렵부터 "기업은 개인의 것이 아니라 사회와 종업원의 것"이라는 '유일한 정신'을 확고히 정립시킨 것으로 생각한다.

1920년대(1926년) 유한양행을 설립하고 운영하면서 유일한 박사는 매일 아침조회 때마다 '유한의 정신'을 이렇게 강조했다.

유한양행의 경영진과 함께. 맨 앞줄 왼쪽에서 네 번째 조권순 사장, 맨 앞줄 왼쪽에서 여섯
번째 연만희 상무.

첫째, 항상 국민보건을 위하여 일해야 한다. 둘째, 우리 민족이 일본 민족보다 못하지 않다. 민족의 긍지를 가지고 일해야 한다. 셋째, 유한은 결코 개인을 위해서 있는 것이 아니다. 사회를 위해서 있는 것이며, 이 길을 통해서 경제수준을 높여야 한다.

이 '유한의 정신'에서도 유일한 박사의 애국애족 정신을 그대로 찾아볼 수 있다. "우리 민족이 일본 민족보다 못하지 않다"는 대목과 "민족의 긍지를 가지고 일하자"는 대목에 이르면 유일한 박사야말로 '기업가 유일한'에 머물지 않고 '국가지도자 유일한'의 반열에 올라야 하지 않을까 생각한다. 유일한 박사는 1930년대의 '유한의 정신'을 기초로 하여 1958년에는 조금 더 현대적으로 재해석한 '유한의 정신과 신조'를 제정해 발표했다.

우리는 힘을 다하여 가장 좋은 상품을 만들어 국가와 동포에게 도움을 주자. 그렇게 하기 위하여 첫째, 경제수준을 높이며 둘째, 한결같이 진실하게 일하고 셋째, 각자와 나라에 도움이 되도록 하자. 그러므로 각 책임인들은 항상 참신한 계획과 능동적인 활동으로 정직하고 성실하게 일하자.

"좋은 상품을 만들어 국가와 동포에게 도움을 주고" 이로써 "나라에 도움이 되도록 하자"는 대목에 이르면, 유일한 박사의 명석판명明晳判明한 조국애와 광대한 세계관이 그대로 나타난다. 지금으로부터

한 세기 전인 1920~30년대부터 "기업의 소유주는 개인이 아니라 사회와 종업원에 있다"는 '자본과 경영'의 분리를 제창한 '유일한 정신'이야말로 앞으로 전문적인 학술 연구재단을 통하여 지속적이고 체계적인 조사와 연구를 통하여 '유일한 학'으로 발전시켜나가기를 기대하는 바이다.

첫째, 유일한 박사는 미국의 명문대학인 미시간대학교에서 선진 매니지먼트와 마케팅 기법을 배우고, 미국의 제너럴 일렉트릭GE에서 회계사로 일하며 미국의 현대경영을 몸으로 체험했고, 나아가서 자신이 세운 '라초이식품회사'의 경영을 통하여 소위 '벤처기업가'로서 성공할 수 있었다. 미국사회에서 쌓아온 이같은 지식재산은 1920년대와 30년대, 유한양행의 경영에서 크게 위력을 발휘하게 되었다. 흔히 한국 자본주의의 맹아萌芽와 관련하여, 일제강점기(1910~45년) 35년간의 섬유, 식품, 백화점, 철도건설 등이 일제 기업가들의 공로라는 주장이 제기되고 있으나, 한국 경영인에 의한 한국기업의 탄생과 그 후 근대 자본주의의 원칙인 '자본과 경영'을 최초로 분리했다는 점에서 유일한 박사와 유일한 정신은 '유일한 학'으로 재정립돼야 할 당위성이 있다.

둘째, 유일한 박사는 족벌경영의 폐해를 누구보다도 잘 알고 있었다. 능력위주로 사원을 뽑았으며, 정직과 성실을 모토로, 혁신성을 발휘하여 한국인 경영에 의한 제약업의 개척에 성공할 수 있었다. '정직과 성실'은 유한양행의 신용으로 발전하였고, '버들표' 로고는 신용의 상징으로 국민들에게 각인되었다.

셋째, 유일한 박사는 기업의 사회적 책임을 제창하며 '납세'에 있어서도 철저를 기하여 한 치의 의혹도 없게 했고, 기업활동의 대가로 얻어진 이익을 사회에 환원함으로써 근대 자본주의가 제안하는 이상적인 자본가상像을 몸소 구현했다. 평생을 통하여 기업의 사명은 "이윤은 추구하되 기업가 개인의 부귀영화를 위한 수단이 되어서는 안 된다"고 강조하던 유일한 박사는 1971년 3월 11일 '사바세계'와 이별하고 영면하셨다.

유한양행 회장으로서의 유일한 박사는 별세하기에 앞서 나를 불러놓고 "내가 살아생전에 모든 것을 다 정리하고 가야만 유한양행이 영원히 전문경영인 시스템으로 갈 수 있을 것이다"라는 당부의 말씀을 잊지 않으셨다. 유일한 박사가 별세하자 국내외 매스컴들이 일제히 이 사실을 특종으로 보도했다.

그 가운데에서도 《월간현대경영》은 유일한 박사의 일생을 특집판으로 자세하게 다루었다. 다음은 《월간현대경영》 1971년 4월호 기사 〈유한양행 유일한 회장, 공익 위해 헌신한 사업가〉이다.

어쩌면 무던히도 외로웠을 76년 평생. 그 멀고도 지루한 생애를 오직 성실과 정직으로 일관, 국민의 생활향상·육영사업·국민보건향상에 몸 바치며 한국적인 풍토를 초극超克, 한국 경영의 새로운 '마일스톤milestone, 이정표'을 세워놓고 홀홀히 떠나버린 유일한 회장. 그가 살고 간 발자국을 따라 절절한 생활훈生活訓을 배워보자. 한말의 풍운이 급박하던 1895년 유일한 회장은 평양에서, 한때 독립운동가였으며 재봉틀 판매상을 하던 유기연 씨의 9남매 중 맏아들로 태어났다. 부친 유기연 씨는 외국을 다녀온 개화청년들의 강연을 통해 "자식들을 신식나라에 유학시켜야겠다"고 확신하고, 아직 아홉 살의 어린 나이인 유일한 회장을 순회공사인 박장현 씨에게 부탁해서 미국으로 가게 되었다고 한다. 애처로운 울음을 터트리며 미국 배에 실린 유일한 회장은 네브래스카고등학교와 미시간대학을 졸업, 디트로이트 시에서 발전소·전기회사 등에 취직했고 이어서 남가주대학원과 스탠퍼드대학원에서 상학과 법학을 전공한, 한국 개화의 여명기를 밝히는 선각자였다. 고교 때는 키 작은 미식축구 선수로 이름을 날리기도 했던 유일한 회장은 1922년 숙주나물로 잡채 통조림을 만드는 라초이식품회사를 만들었다. 재학 시 좀 더 좋은 수입원을 찾다가 잠시 일한 적이 있는 중국음식점에서 유일한 회장은 잡채에 대한 생리를 알게 되었다.

미국에서는 잡채를 당면 아닌 숙주나물로 만들고 있었는데 이에 대한 인기가 높았다. 유일한 회장은 한 걸음 앞서 "잡채를 통조림으로 가공해서 팔았으면…" 하는 생각으로, 우여곡절 끝에 통조림 제조에 성공했다. 그러나 판로가 과제였다. 어느 날 유일한 회장은 자동차에 숙주나물 통조림을 가득 싣고 번화가에 있는 백화점의 쇼윈도를 일부러 들이받았다. 구경꾼들은 아귀다툼하며 모여들었고 교통사고에 대한 뉴스는 신문에 대서특필, 급기야 유일한 회장의 기발한 선전 작전은 히트했고 판매고는 급성장, 그 4년 후에는 자본금 200만 달러의 대회사로 발전했다.

1926년 유일한 회장은 자기자본 50만 달러를 가지고 귀국, 한국에서의 사업기반을 다지게 되었다. 귀국 당시 세브란스의과대학의 에비슨 학장은 유일한 회장에게 교단에 설 것을 권했으나 "건강한 국민, 병들지 않는 국민만이 주권을 회복할 수 있다"고 사절하고 제약회사를 차리기로 결심했다. 50만 달러를 전액 투자하여 서울 종로 2가 국일관 골목에 유한양행을 창립, 경영하다가 일제의 탄압으로 다시 도미, 미육군성 특무부에서 극동담당관으로 활약했다. 이때에 펄벅 여사와 친교를 맺었으며 서재필·이승만 등 독립운동가와도 교분을 두터이 했다.

유일한 회장은 유한 이전에 이미 종로 2가 덕원빌딩(당시 파고다공원 건너편 3층 빌딩)에서 물감, 사탕, 초콜릿, 페인트에서 회충약 등의 사업을 벌인 바 있다. 유한과 병행하여 크라이슬러자동차, 홈인슈어런스보험회사, 아웃보드머린기선회사 등의 대리점을 내는가 하면 유한의 사세 확장을 위해 허허벌판이었던 경기도 소사에 제약공장을 세웠고 국제적인 규모로 성장시키기 위해 유한만주제약, 대련 유한양행 등을 설립, 만주·중국·동남아에까지 사업망을 폈다.

그러나 유일한 회장은 결코 돈만을 생각한 사업가는 아니었다. 한창 사세가 뻗어가던 1930년대에 만주를 돌고 온 한 간부가 "지금 만주에는 마약 중독환자가 많으니 마약을 만들면 어떻겠느냐"고 건의했을 때 크게 노怒하며 "나는 불쌍한 동포들에게 도움이 되는 일, 사회에 조금이라도 이익을 주는 일을 하려고 제약업을 하고 있소"라고 힐책하고 "어찌 나에게 인류에게 큰 해약을 주는 마약을 만들라고 하는가?"라고 말하면서 일언지하一言之下에 그 건의를 물리쳐 버렸다고 한다. 이러한 기업정신은 병상에서 신음하며, 이승을 떠나는 그 시간(1971년 3월 11일 오전 11시 40분)까지 조금도 변하지 않았다.

유일한 회장은 상업하는 집안에서 태어난 자신을 비유해서 "나는 쌍놈이야, 선대先代부터 장사를 했으니까…"라며 조크를 던진 적이 있으나, 그는 '가장 존경받는 장사꾼'이었고 '가장 고결한 기업인'이었음에 틀림없다. 어려운 처지에서 돈을 벌고 기업을 성장시키고 부를 축적한 과정이 다른 기업인들과는 너무나 달랐기 때문이다. 당시만 해도 외국에서 공부한 사람들은 교육이나 선교사업에 종사하는 것이 고작이었다. 그러나 유일한 회장은 기업 가운데에서도 소비재 산업이 아닌 공익의 취지가 뚜렷한 제약을 택해 민족의 건강관리에 온 힘을 바쳤다. 1935년 일본보다 앞서서 설파제인 '프론토실'를 시판, 신약개발에도 남다른 창의를 보였으며, 1936년에는 유한을 법인체로 개편하고 주식을 종업원에게 나누어 줌으로써 우리나라 최초의 종업원지주제도를 실시했다.

8·15해방 당시 순수한 민족자본으로 운영되는 기업은 경방과 유한양행을 꼽을 정도였으니 유한의 기업정신은 현대기업의 효시라고 해도 과언이 아닐 만큼 현대적이었고 선구적이었다. 요즘 노동법에 규정되어 있는 내용보다도 더 알뜰하게 근로자의 후생복리를 규정한 사규를 제정했고, 또 신문에 약물 광고도 내기 시작했다. 또한 새로운 경영기법을 도입, "이 땅에선 너무 이르다"는 소리를 외

면하며 사무실을 미국식으로 개편했고 컴퓨터를 도입하는 등 실로 감당하기 어려운 일들을 거리낌 없이 해 나갔던 혁신가였다.

1966년에는 장남 일선(38세) 씨를 귀국시켜 한국 최초의 세대교체를 시도했다가 1969년 주주총회를 기해 완전히 자본과 경영을 분리하고, "우리 회사에 유 씨는 한 사람도 없다"며 투명경영을 자부하기에 이르렀다. 유한양행은 어느 개인의 것이 아니라는 것이 유일한 회장의 철저한 신조였다. 그랬기에 일제가 여러 차례 세금공세를 가하려 했을 때도 끝내 버틸 수 있었고, 1967년 국세청이 차 한 잔 마실 틈도 없이 철저한 세무사찰을 했을 때도 1원 한 장 틀리지 않은 기막힌 기업으로 반전시킬 수 있었던 것이다. 숱한 시련과 역경 속에서도 사채는 한 번도 쓴 적이 없는, 어쩌면 교과서에서나 읽을 수 있는 올바르고 착하고 정직한 방법을 쓰면서도 한국에서 꼽을 수 있는 기업으로 성장시킬 수 있었다는 것은 확실히 한국적인 신화라 할 수 있을 것 같다.

"교육을 받을 권리가 있다면 누군가는 그들에게 교육을 시켜줄 의무를 져야 한다."

유일한 회장의 신념이었다. '연마된 기술자와 훈련된 사원'을 최대의 자본으로 생각한 유일한 회장은 이를 직접 자기 손으로 기르기 위해 1953년 고려공과원을 설립, 전액 장학제도를 채택하여 오늘의 유한공업고등학교로 발전시켜, 사회의 참 일꾼을 배출하는 데 힘써왔다. 유 회장의 '욕심(?)'은 거기에서 그치지 않았다. 배움의 터전을 보다 우람하게 하기 위해서 서울 오류동에 있는 개인 땅 1만

평을 신교新校 대지로 기증했으며 아울러 신교 신축기금으로 1천 500만 원을 희사했고 매년 운영비로 400만 원의 보조금을 주기도 했다. 또한 유일한 회장은 이에 앞서 연세대 의대에 유한양행의 개인주식 1만2천 주를, 그리고 보건장학회에 5천 주를 각각 기증했으며 그 외에도 수많은 학도들에게 눈에 보이지 않게 많은 장학금을 주어왔다.

"기업이익의 일부는 반드시 사회에 환원되어 유익하게 사용되어야 한다. 기업이익은 기업에 참여한 사람에게도 고루 분배되어야 한다"는 유일한 회장의 신조는 철저하게 지켜지고 있다는 뜻일 것이다. 현재 유한의 총 주식 중 3분의 1 이상이 공익사업에 쓰이고 있으며 유 회장 개인 소유 주식은(1971년 현재) 총 주식의 10% 정도인 10만 주, 시가로는 약 1억5천만 원(1971년 당시 돈) 상당이지만 배당금은 주로 교육사업비에 충당되고 있다고 한다.

"지난날 온 겨레가 외세의 악재 아래 가난과 질병 속에서 허덕일 때 기업을 통한 사회 봉사자로 어두웠던 이 땅에 빛을 던진 이가 계시니 유한양행과 유한중고등학교의 창설자 유일한 박사이시다." 유한공고 교정에 세워진 유일한 회장의 동상비문銅像碑文에 새겨진 말이다. 1926년 귀국할 때 그의 마음속에는 이미 세 가지 목표가 뚜렷이 서 있었다.

첫째, 훌륭한 인재양성을 위한 육영사업, 둘째, 국민의 생활 향상을 위한 경제적 발전, 셋째, 불모지 상태에 있는 국민보건향상이 바로 그것이었다. 유 회장은 한결같이 이 거대한 국가적 목표를 위해 헌신했고 그렇게 살아온 생애를 만족해하기도 했다.

어릴 때의 고국과는 너무나 달라진 조국의 모습을 눈으로 실감하며 "우리도 이젠 좋은 나라가 되나보다"고 기뻐하기도 했다. 고층 빌딩, 고속도로, 넓어가는 거리를 보면서 못내 흐뭇해하며 감격의 합장合掌을 해 보이던 그의 겸손하고 나라 사랑하는 정신은 지금도 뭇사람들의 마음을 짜릿하게 해준다.

"항상 돈을 아끼라"는 신념은 변하지 않았다. 양복도 코트도 소박한 차림이었고, 이발비 이외의 용돈에는 거의 신경을 쓰지 않았다고 하며 식사도 된장찌개를 즐겨 하셨다고 하니 그의 면모를 족히 느끼고 흠모할 만하다. 평소 스카치 한 잔을 들고 창가에 앉아 〈매기의 추억〉을 부르셨다는 그는 어쩌면 8·15해방 이후 쭉 헤어져 살아온 소아과 의사이며 중국인 아내인 '호미리' 여사와의 추억 같은 것을 느꼈는지도 모른다. 한결같이 떳떳하게 살다 간 사업가·교육가·사회사업가인 유일한 회장의 생애는 시간이 흐르면 흐를수록 더욱 또렷해질 것이다.(《월간현대경영》, 1971년 4월호)

유한양행의 선진 거버넌스

━━━━━ 유한양행은 (물론 다른 기업과 마찬가지로) 이윤추구를 중요시하는 기업이다. 그러나 유한양행은 공익적인 이윤배분이 가능한 지분구조를 가지고 있다는 점에서 다른 기업과 차별화되고 최대주주인 유한재단, 유한학원 등에 유한양행의 기업이윤이 배당되

는, 즉 기업이윤을 사회에 제도적으로 환원되는 시스템을 갖추고 있
다. 이런 완벽한 시스템에 의하여, 1971년 유일한 박사 서거 이후 지
난 50여 년 동안 유한양행의 이사회와, 최대주주인 유한재단 이사회
가 '견제와 균형'에 입각한 조화로운 운영시스템을 확립해왔다. 유한
의 대주주 역할을 수행하는 유한재단의 재단이사장과, 유한양행의
대표이사가 소유와 경영의 분리를 실천하는 시스템을 구축, 완벽한
'거버넌스' 구조를 구축하고 있다. 참고로 유한양행의 주요 주주현황
(2020년)을 보면 유한재단(15.56%), 국민연금공단(12.70%), 학교법인 유
한학원(7.65%), 미래에셋자산운용(5.01%), 연세대(3.80%), 보건장학회
(1%) 등으로 구성되어 있다.

미래의 유한을 위한 CEO 선임제도

▬▬▬▬ 유한양행은 또한 독특한 임원 중임 규정을 도입, 시행
하고 있다. 임원과 대표이사 사장의 경우 3년 중임, 직급(지위) 별 총
6년 규정을 관례화하고 있다. 이 관례는 유일한 박사 사후 50년간
유일한 정신을 계승 발전시킨 유한의 최고 임원들이 만들어온 관례
이고 시스템으로 정착되어왔다. 이러한 임원 중임 제도를 통하여 대
표이사 사장 및 임원 선임과 승계 과정이 아무런 불협화음이 없이
이루어지면서 한국사회의 모범적인 사례로 정착되었고 현재의 역
동적인 조직 운영이 가능하도록 했다.

대표이사 사장은 회사 운영, 투자 및 인사를 비롯한 주요 사항

유한양행 회장 시절.

들을 회사 이사회를 통하여 논의하고, 결정 및 집행하는 구조로 가장 모범적으로 이사회를 운영해왔다. CEO 선임과정은 대표이사 사장의 중임 이후 임기 만료 1년 전(5년 차)에 회사 이사회에서 차기 사장 후보를 발탁, 총괄 부사장으로 승진시켜 미래의 유한을 이끌도록 준비하는 독특한 선진 시스템을 구축하고 있다.

이 모든 과정은 회사의 대주주 역할을 하고 있는 유한재단 이사회와 사전 협의를 통해(때로는 사후 추인) 이루어지는 구조로 되어 있고, 실제로는 유한재단 이사회를 이끌고 있는 재단 이사장과 직접 협의 또는 보고를 통해 이루어지고 있다. 유한양행의 독특한 승계 방식은 1980년 중반 이후 관행으로 확립되어 (1971년 유일한 창업자가 타계한 지 50여 년이 지났지만) 지금까지도 유일한 정신을 계승할 수 있는 유한의 전문경영인 체제로 확립되어 있다.

유한의 대표이사 사장은 '소유와 경영의 분리' 전통을 시스템으로 내재화하기 위하여 유한양행 주주총회와 이사회를 통해 임명됨과 동시에, 유한의 여러 책임과 의무를 승계하여 수행하게 되어 있다. 특히 주주총회와 이사회에서 유한양행 대표이사 사장으로 임명됨과 동시에 유한의 대주주 역할을 하고 있는 유한재단(주식 약 15.5% 소유)의 당연직 이사(유한양행 대표이사 사장 몫) 및 유한학원(주식 약 7.65% 소유) 당연직 이사로 임명되도록 하고 있다.

이는 사실상 굉장히 중요한 유한의 '거버넌스' 시스템으로, 소유와 경영의 분리를 강조해온 유일한 정신을 지키는 든든한 운영모델로 자리 잡았다.

2021년 3월 유한양행 정기주주총회에 참석한 나는 유한양행이 정관 일부 변경을 의결하여 이사회 의장제도를 도입하는 것을 목격했다. 최근 재계에서는 대표이사와 이사회 의장을 분리하는 추세다. 나는 경영을 담당하는 대표이사가, 경영진을 감시하고 견제하는 이사회 의장을 겸직할 경우 이사회의 기능이 제대로 작동하지 않을 수 있기 때문에 CEO로부터 독립적인 사외이사가 이사회 의장직을 맡아 CEO를 견제하는 것이 중요한 역할을 하는 제도로 이해하고 있다. 이는 주주 신뢰를 중시하는 글로벌 기업들이 대표이사와 이사회를 분리 운영하는 이유이기도 하다.

우리 사회에서 가장 모범적이고 투명한 소유와 경영의 분리를 실천해온 유한양행의 거버넌스와 시스템 경영은, 2020년대 제약산업의 급격한 변화에 대처할 가장 바람직한 시스템이기 때문에, 유한의 선진 기업지배구조 시스템을 설계하고 운영한 장본인으로서 나는 유한양행의 소유와 경영의 분리를 통한 전문경영인 체제의 전통이 지켜지는 모습을 영원히 보여주길 기대하고 있다.

다음은 2019년 내가 유한재단 이사직을 사임하면서 이사회에서 한 말이다.

지난번 이사회에서 말씀드렸듯이 50년 이상 유일한 박사님의 뜻을 받들고자 노력해온 유한재단 이사직을 11월 16일자로 사임하고자 합니다. 유일한 박사님이 1970년 개인 주식 8만3천여 주를 기탁하

셔서 '한국사회 및 교육원조신탁 기금'을 발족시켰으며, 1971년 사후 유언장 공개를 통해 전 재산을 이 기금에 출연하셨고 1977년 공익법인의 설립운영에 관한 법률규정에 따라 재단법인 유한재단으로 명칭을 변경하여 운영해왔습니다. 유일한 박사님이 평생을 바쳐온 교육 장학사업 및 사회원조사업이 유한재단과 유한양행을 통해서 우리 사회와 국민들 마음속 깊이 남아 있게 되었고 앞으로 미래의 유한재단은 여기 계신 이사님들께서 잘 운영하여주실 것으로 믿고 박사님께서 베푸신 은혜에 조금이나마 보답을 하게 되어 11월 16일 재단이사 임기를 마칠 수 있을 것 같습니다.

박사님의 딸인 유재라 여사도 아버지의 뜻을 실천하는 데 평생 온 힘을 쏟았습니다. 예전에 유재라 여사와 재단 운영과 관련하여 합의하였던 일화를 소개하고자 합니다. 박사님 가족 중 한 명 정도는 재단에 이사로 참여하여 유한재단이 유일한 박사님의 숭고한 정신을 영원히 유지하는 재단으로 운영될 수 있도록 청지기 역할을 할 필요가 있을 것이라고 논의하였습니다. 그 이후에 유일링이 재단 이사로 그 역할을 하던 중 공익재단 법의 특수관계인 제한 룰이 적용하게 되었고, 2014년 당시에 6~7명이었던 재단 이사 중 저와 유일링이 당시 재단 특수관계인으로 규정되어 특수관계인은 한 명만 이사직을 유지할 수 있는 법률규정으로 인해 유일링이 재단 이사직을 사임하였습니다. 오늘로 제가 재단 이사직을 사임하는 만큼 이사 공석 중 한 명은 다시 유일링이 임명되어 박사님 가족이 유일한 박사의 숭고한 정신을 영원히 유지하는 유한재단의 청지기 역할을 하도록 함이 적절한 절차로 사료됩니다.

미래의 재단 운영과 항구적 발전은 재단 이사장과 이사님들께 부탁드리고자 합니다. 오늘 이사회 의사록에 명시를 부탁드립니다.

매기의 추억

━━━━━━ "오랫동안 꿈을 그리는 사람은, 그 꿈을 닮아간다"고 한다. 오랫동안 유일한 박사에 대한 글을 써야겠다고 생각해온 나로서는, 이제 그 꿈을 닮아감으로써 마침내 '리스펙트 유일한'을 '사바세계'에 내놓게 되었다. 그러나 동시에 유한 100주년을 앞두고 유일한 박사가 철통같이 당부하신 유한의 선진 거버넌스를 지키고 발전시켜야 한다는 막중한 책임감을 느끼지 않을 수 없다.

유일한 박사는 서울 관악구 대방동 유한양행빌딩 뒷동산에서 유한양행 사옥을 바라보시면서 때로는 사색에 잠겨 있다가도 이어서 흥이 나시면 '옛날에 금잔디 동산에 매기 같이 앉아서 놀던 곳'으로 시작되는 〈매기의 추억When You And I Were Young, Maggie〉을 즐겨 부르셨다.

끝으로 오늘은 내가 한번 〈매기의 추억〉을 불러보고자 한다.

옛날에 금잔디 동산에
매기 같이 앉아서 놀던 곳
물레방아 소리 들린다
매기야 내 희미한 옛 생각

동산 수풀은 없어지고

장미화만 피어 만발하였다

물레방아 소리 그쳤다

매기 내 사랑하는 매기야

옛날에 금잔디 동산에

매기 같이 앉아서 놀던 곳

물레방아 소리 들린다

매기야 내 희미한 옛 생각

지금 우리는 늙어지고

매기 머리는 백발이 다 되었네

옛날의 노래를 부르자

매기 내 사랑하는 매기야

내 인생의 세 기둥

내 인생의 세 기둥은 '정직'을 심어주신 어머니, 유일한 박사,
배움과 평생 친구를 만난 고려대학교다.

세 개의 큰 산

━━━━━━━ 나의 삶에는 세 개의 큰 산[1]이 있다. 그 첫째는 나를 낳아주시고 나의 마음속에 '정직'을 심어주신 어머니이시고, 그 둘째는 내가 운명적으로 만난 유한양행 설립자 유일한 박사이고, 그 셋째는 나의 인생에 경제학이라는 학문을 심어주고, 평생 친구들을 만들어준 고려대학교다.

유일한 박사는 내가 신입사원 시절이던 어느 날, 나를 불러 자신의 인생에 있어서 가장 중요한 우선순위에 대해서 이렇게 말씀하신 적이 있다.

미스터 연! 국가, 교육, 기업, 가정, 이 모든 것은 그 순위를 정하기
가 매우 어려운 명제들이야! 그러나 나로 말할 것 같으면 첫째가
'국가', 둘째가 '교육', 셋째가 '기업' 그리고 마지막 넷째가 '가정'이

야. 특히 국가를 위해서는 목숨을 바칠 것을 '신성한 말로 서약'할 수 있어야 하네.

유일한 박사는 '국가, 교육, 기업, 가정'이라는 네 가지 명제에서 '가정'과 '기업'보다, '교육'과 '국가'를 더 높은 상위개념으로 보았다. 이는 그저 유일한 박사가 겉으로 근사하게 말하는 것이 아니라, 그가 실제로 확신하는 순위라고 나는 판단했다. 나는 이 말을 들었을 때, "우리 박사님은 진정한 위인"이라고 생각했다. 가족과 회사보다, 교육과 국가를 중시하는 유일한 박사야말로 진정한 애국자요, 지도자요, 위인으로 느껴졌다. 특히 "나라 사랑을 위해선 목숨을 바칠 것을 신성한 말로 서약해야 한다"는 말에 이르면, 국가에 대한 그의 무한한 애국심을 엿보게 한다.

유일한 박사 못지않게(?) 내 인생의 또 다른 큰 산은 나를 낳아주신 어머니이시다. 어머니는 나의 인생길을 옳은 길로 인도해주셨을 뿐만 아니라, 어머니로부터 배운 '정직'이 씨앗이 되어, 훗날 '정직'을 중시하는 유일한 박사로부터 신임을 받게 된 것이 아닌가 하고 나는 지금도 확신한다. 따라서 내가 평생직장으로서 '유한맨'으로 성장하게 된 원천은, 결국 어머니 덕분이다. 어머니는 내 인생의 '근본'이요 또한 나의 '종교'이다.

사람의 정직성

▬▬▬▬▬ 내가 유일한 박사를 모실 때의 이야기다. 유일한 박사가 어느 정도로 '사람의 정직성'을 중시하는가 하면, 당시 유한양행 근처에 한 중국집이 있었는데 박사님은 가끔 이 집에서 자장면을 배달하여 드시곤 했다. 너나없이 배고프고 어려웠던 1950년대, 자장면 배달원 가운데 성실하고 착실한 사람이 있었다. 아마도 박사님께서도 그에게 필feel이 꽂힌 모양이다. 하루는 박사님이 배달원을 너무나 예쁘게 본 나머지 "한번 테스트해보고 싶다"면서 자장면을 드시고 난 후 배달원이 그릇을 들고 나가는 길목에, 지금 돈으로 하면 5만 원 정도의 지폐를 던져놓았다. 그 사람이 정말로 이를 보고도 슬쩍 가져가지 않고 그냥 나가자 박사님은 너무나 기뻐하면서 그 배달원을 신뢰하게 되었다고 말했다.

"정말 믿을 만한 사람이야"라고 말하고, 그 후 그를 유한양행의 직원으로 채용한 일도 있었다. 유일한 박사의 정직한 사람을 사랑하는 마음에는 이처럼 철저한 모습도 있었다. 훗날 그 배달원은 유일한 박사의 믿음에 보답이라도 하듯이 정직하고 성실하게 일해서 유한의 고위간부로 승진하기도 했다.

고난의 시작

▬▬▬▬▬ 나는 1930년 10월 15일(음력 8월 24일), 황해도에서 태어나 주로 연백군 연안읍에서 성장했다. 여기에는 다소 슬픈 내력이

있다. 나의 아버지 연적억延積億 공은 원래 나보다 위에 아들과 딸을 두었는데 부인이 세상을 떠나자, 나의 어머니이신 홍보윤洪寶潤 여사를 만나 결혼하여 나를 낳았다고 한다.

행복은 단순하고 불행은 복잡하다던가? 내가 세 살 때(1933년) 아버지마저 세상을 떠나셨다. 그러니 아버지의 얼굴은 기억나지 않고 사진으로만 기억할 수밖에 없다. 아버지는 따라서 나에게는 역사 이전의, 말하자면 선사시대의 아버지상像으로만 존재한다. 어머니는 나를 낳고 그만 스물세 살에 홀로되셨는데, 어머니에게는 네 분의 이모가 있었다. 어머니는 어린 나를 안고 황해도 평산군에서, 이웃인 연백군 연안읍에 사는 어머니 친정댁으로 돌아가서 살게 되었다고 한다.

어쩐 일인지 내 인생길의 시작은 고난의 연속인 것처럼 보인다. 전지전능하신 하나님은 왜 나에게, 어머니에게, 아버지에게 이같이 큰 고난을 주셨을까? 지금도 어머니가 고생하신 것을 생각하면 눈물이 나지 않을 수가 없다.

원래 우리 집은 부유한 집안이었다고 한다. 그러나 아버지가 중병에 걸려서 오랜 기간 투병하는 바람에 집안이 기울어졌다. 당시 황해도의 우리 집은 초가집이었는데, 동네에는 커다란 기와집이 한 채 있었다. 나는 "어서 커서 나도 돈을 많이 벌어 저런 큰 기와집을 지어 어머니께 효도하겠다"고 마음먹기도 했다. 원래 황해도는 땅이 비옥하고, 산 높고 물 맑아 농산물이 풍부하고, 장장 1,168km에 달하는 서해안과도 맞닿아 있어 해산물도 풍요로워 의식주衣食住의 걱

정이 없는 고장으로 유명하다. 큰 부자도 없지만 크게 가난한 사람
도 없었다.

친가보다 외가가 더 번성

■■■■■ 나의 고모부 신현기申鉉琦 씨는 덕망이 높은 지방의 유
지로서, 해방 이후 이승만 정부 때, 반민특위(반민족행위특별조사위원회,
1948~49년)의 특별재판부 부장재판관을 지낸 유명한 분이다. 고모부
는 아버지가 돌아가시자 나의 학자금을 부담할 정도로 가세가 넉넉
하고 훌륭한 분이셨다. 나는 비록 외가에서 자랐지만 방학 때는 친
가에 와서 나보다 열 살 정도 위인 형과 누나와 함께 지내곤 했다.
특히 형이 나를 무척 예뻐해주셨다.

초등학교 때 내가 주마담走馬痰, 일종의 음성 혈관암이라는 혈액병에 걸
렸을 때, 당시 황해도 해주에 살던 형님이 항생제 등의 약을 사서 연
안의 우리 집까지 달려와 나를 큰 병원에 입원시켜주고 수술까지 시
켜주었다. 해주에서 연안까지 장장 90리, 연안에서 외갓집까지 30리
나 되는 장거리를 마다않고 달려와서 나를 수술시켜 주었으니, 형님
이야말로 나의 은인이다. 10리가 4km 정도니, 90리는 36km 정도고
30리는 12km 정도로 상당히 먼 거리다.

나는 1945년 8·15해방 후 송도중학교를 졸업하고 서울로 와서
사학명문인 고려대학교에 입학했다. 나는 고려대학교에서 공부하
기 위하여, 1950년 한국전쟁 이전에 이미 서울 성북동 이모님 댁으

로 월남越南했으나, 고향의 형은 1950년 6·25전쟁 후 1·4후퇴 때 월남하지 못하고 북한 땅에 그냥 남게 되어 나 역시 이산가족이 되고 말았다.

1945년 8월 15일, 해방 후 우리나라는 남과 북이 38도선을 경계로 분단이 되었다. 나의 친가가 있는 황해도 평산군은 북한에, 외가인 연안은 남한으로 갈라지게 되었다. 1950년 6·25전쟁이 일어나고, 3년여의 치열한 전투 끝에 1953년 7월 27일 정전협정이 체결되었다. 이 협정에 따라 그간 북한에 속해 있던 동부전선의 땅은 전략상 남한 땅에 편입되고, 서부전선의 평야지대는 전략상 중요하지 않다고 판단하여 북한에 내주고 말았다. 그 결과 휴전선이 그어지고 그동안 남한 땅이었던 황해도 연백과 개성은 북한 땅으로 편입되어 우리 집안도 분단의 아픔을 겪게 되었다.

당시 인구가 3만여 명이 넘는 연안읍의 외가는 부농富農으로 외할아버지, 외할머니 그리고 이모님 네 분, 외삼촌 한 분 등 가세가 넉넉하였다. 외할아버지는 지주로서 몇 명의 머슴을 데리고 살았다. 나의 친가는 전통적인 유교 집안이었으나 외가는 기독교 집안이었다. 외할아버지께서는 일찍이 선진 개화문명에 눈을 뜨신 분으로서, 농업을 생업으로 하지만 상당한 부농이었다. 외할아버지는 나의 어머니를 포함해 딸 다섯에, 아들 하나로 6남매를 키웠다. 첫째 따님이 나의 어머니이시고, 둘째 따님은 해무청장(해양수산부 장관)을 지낸 분과 결혼했고, 셋째 따님은 일제시대 측량기사로 일한 엔지니어와 결혼했고, 넷째 따님은 연안에서 자수성가한 송경일 씨와 결혼, 훗날 그의 아들 송승효 씨는 고대 경제학과를 졸업하고 조흥은행(현 신한 은행) 전무를 지냈는데, 바로 그의 따님이 방송인 송도순이다. 특히 송경일 씨의 형님인 송선일 씨는, 황해도 연백군 연안의 소문난 갑부로서 커다란 정미소와 목재소를 운영했다고 하며, 을미사변 때는 백범 김구 선생이 피신할 때 도움을 준 의인이었다고 한다. 다섯째 따님은 서울 진명여고를 나와 연안초등학교 교사로 근무했는데, 조카인 나를 끔찍한 사랑과 자애로 보살펴주었고 후에 경북대 교수와 결혼했다. 마지막으로 막내아들은 나보다 네 살 위로서 조카인 나와 한방을 쓰면서 공부하기도 했다.

농구부 명 주장, 명 센터로 활약

━━━━━━━ 나는 네 살(1934년) 때 외할아버지의 권유로 유치원에 들어갈 수 있었고, 이듬해(1935년) 연백공립초등학교에 입학했다. 초등학교 때는 1학년부터 6학년까지 6년 내리 급장(반장)을 했다. 이는 나의 능력이라기보다 나의 어머니가 스물셋에 과부가 되어 주변사람들이 많이 보살펴준 덕분이라고 생각한다. 외할아버지는 고향에서 존경받는 지도자였는데, 박술음朴術音, 사회부장관·외대 학장 씨가 휘문고 교장을 지낼 때 나를 "휘문고로 보내려면 영어를 해야 한다"고 권유해서 영어학원을 다니기도 했다. 열한 살 때 연백농립학교(지금의 중학교)에 입학해 농구선수로 뛰면서 '명 센터'가 되어 주장을 맡기도 했다. 내가 명 센터로서 활약할 수 있었던 것은 물론 나의 천부적인

자질과 노력도 뒤따랐겠지만, 내가 다니던 교회의 앞마당에 농구대가 설치되어 있어 열심히 공을 던졌기 때문이다.

나는 원래 중학교 진학 때부터 서울로 가서 공부하고 싶었다. 서울에 계시는 이모님 댁에서 거처하며 학교에 다니고자 했는데, 이모님도 적극 찬성이었다. 그러나 외할아버지의 완강한 반대로 서울로 가지 못하고 연백농립학교에 들어갔다. 그러나 "서울에서 공부하겠다"는 꿈은 포기하지 않았다.

그 후 나는 당시 학제에 따라 6년제 중학교(송도중학교)를 졸업해서, 전문부를 거치지 않고 1949년 고려대학교 경제학과에 입학했다. 고대에서도 나는 농구부 스타플레이어로 활약하면서 '페어플레이' 정신을 기반으로 스포츠맨십을 함양할 수 있었다.

어머니가 인도하신 정직한 인생길

■■■■■■■ 어머니 이야기가 나오면 지금도 눈물이 난다. 왜 하늘은 어머니에게 그렇게 크나큰 고통을 주셨을까. 어머니는 결혼하여 나를 낳자마자 아버지가 돌아가셨다. 그러나 어머니는 좌절하지 않으셨다고 한다. 어머니는 외할아버지가 설립한 교회에 다니면서 열심히 성경 공부를 하며 신앙으로 그 어려운 시절을 극복하셨다. 나의 어머니로 말할 것 같으면, 이 세상에서 자식을 위해서라면 어떤 일도 마다하지 않고 모든 것을 희생할 수 있을 정도로 지극정성과 사랑으로 나를 키우셨다. 어머니께서는 늘 자장가처럼 이런 말을 들

나의 어머니 홍보윤 여사님.

려주시곤 했다.

첫째, 이 세상에서 우리 연만희를 해친 사람은 그 누구라도 증오하고, 우리 연만희를 사랑한 사람에게는 그 누구라도 최선을 다하여 돕겠다. 둘째, 남에게 받은 것은 반드시 갚아야 한다. 셋째, 거짓말을 하는 것은 절대 용서하지 않는다. 넷째, 우리 만희가 앞으로 훌륭해지면 공민 책(도덕 교과서)에도 나올 것이다. 다섯째, 나의 삶은 오로지 만희만을 바르게 키우는 것 이외에는 아무 목적이 없단다.

어머니께서는 당신의 자식이 도덕 교과서에 실릴 정도로 바르게 살라고 기도하시곤 했는데, 나는 거꾸로 우리 어머니야말로 스스로 도덕 교과서에 실릴 만큼 한국적 여인상을 간직하신 분이라고 생각한다. 어머니는 한편으로는 가녀리고 속 깊은 내면의 여인이셨지만, 다른 한편으로는 강인한 성품의 소유자이셨다.

초등학교 3학년 때의 일이다. 동네 친구들과 함께 '성일상회'라는 문방구에 갔는데, 한 친구가 삼각자를 우물쭈물 만지더니 가방에 집어넣고 나에게 분도기(分度器)를 집어준 뒤 우리 모두는 황급히 집으로 돌아갔다. 그날 저녁 어머니는 내 필통 안에 들어 있는 분도기를 보고 "너 이거 어디서 난 거냐"고 물으셨다. "친구가 줬어요"라는 내 말이 끝나기도 전에 어머니는, "어떤 놈이 우리 아들에게 분도기를 주냐"면서 그 친구 집으로 가자고 강제로 나를 끌고 나섰다. 친구 집에 가면 들통이 날 게 뻔해서 나는 "사실은요. 친구가 문방구에 가서 분

154

도기를 우물쭈물 만지다가 나에게 슬쩍 주고 돈은 내지 않았다"고 실토했다. 그러자 어머니는 나를 끌고 곧장 문방구로 가자고 했다. 어머니는 분도기를 그냥 가져온 것을 사과하고 돈을 지불했다. 그날 집으로 돌아와서 나는 어머니로부터 회초리를 맞고 다시는 나쁜 일을 하지 않겠다고 다짐했다. 그러자 어머니가 눈물을 흘리면서 이렇게 말씀하셨다.

내가 젊어서 혼자가 되어 오직 너 하나만 바라보고 사는데 네가 이렇게 나쁜 짓이나 하면서 살면 내가 무슨 희망을 갖고 살겠느냐. 그냥 죽어버리고 말겠다….

그러자 외할아버지를 비롯한 모든 가족들이 말려서 간신히 사태를 수습하게 되었다. 그날의 일은 나의 인생살이에 중요한 교훈을 주었다. 나는 그 후 사람은 인간적으로 실수는 할 수 있지만 절대로 거짓말을 해서는 안 되고, 부정을 저질러서는 안 된다는 것을 뼈저리게 배웠다. 그날부터 나는 평생을 통하여 "양심에 가책되는 일은 하지 않겠다"고 맹세했다. 나는 어머니의 가르침을 잊지 않기 위하여 지금도 내 방에 어머니의 사진을 모시고 매일 아침 인사를 올린다.

어머니가 가르쳐주신 '정직'이라는 두 글자로 인해 훗날 내가 유한양행에 들어가서 유일한 박사로부터 신임을 받게 되었으니, 어머니야말로 나를 유한양행으로 인도하고 유일한 박사를 만나게 해주신 '전도사'가 아니었을까?

어머니의 눈물

━━━━━━ 나의 어머니 홍보윤 여사에겐 이런 일화가 있다. 1945년 해방전후사의 시절, 어머니의 시어머님이 돌아가셨다. 1946년 당시에는 '38도선'의 경계가 삼엄해져 남북의 왕래가 매우 어려운 때였다. 그러나 어머니는 모든 사람들이 말렸음에도 불구하고 시어머님의 장례식을 치르기 위하여 만사 제치고 삼팔선을 넘어 북한에 있는 시가에 다녀오시다가 결국 북한경비대에 붙잡혀 갖은 고초를 다 겪었다고 한다. 당시 유치장에 갇히자 어머니는 당차게 "내가 우리 시어머님 초상을 치르기 위하여 삼팔선을 넘게 되었다"며 "너희들은 시부모님이 죽어도 찾아보지 않느냐"고 오히려 호통을 쳐서 풀려나게 되었다는 말을 들었다.

나는 이런 연유로, 1950년 한국전쟁이 일어나기 한 해 전인 1949년에 이미 고려대학교에 입학하여 서울에 있는 이모님 댁에서 지내게 되었다. 그러나 어머니는 그대로 황해도 연안의 친정집에서 지내고 있었다. 그러다가 넷째 이모(방송인 송도순의 어머니)가 임신을 하게 되자, 여러 가정부들이 돌보고 있었으나 "아무래도 큰언니만 같지 못하다"면서 어머니를 모셔오게 해 어머니도 서울로 오게 되었다. 1949년 바로 그해에 방송인 송도순이 태어나자 어머니는 산후조리를 도우며 이모 집에 계속 머물게 되었다. 다행스럽게도 어머니는 1950년 6·25사변이 터지기 바로 직전에 서울로 오셔서, 어머니와 나는 이산가족이 되지 않았다. 이 모두가 주님이 보우하신 은총이 아닐까 생각해보곤 한다.

어머니는 독실한 기독교 신자로서, 훗날 내가 결혼하게 되자 며느리에게도 "기독교를 믿으라"며 전도해서, 우리는 모두 교회에 다니게 되었다. 어머니는 훗날 이런 공로로 황해도민회가 주관하는 제1회 '장한 어머니상'을 받았다.

아아! 그러나 어머니는 1995년에 하나님의 부르심을 받아 세상을 떠나셨다. 어머니는 통일전망대 부근의 이북5도민을 위한 동화경모공원 묘지에 안장되었다. 어머니가 생각나면 〈불효자는 웁니다〉라는 진방남의 노랫가락이 생각난다.

불러봐도 울어봐도 못 오실 어머님을
원통해 불러보고 땅을 치며 통곡해요
다시 못올 어머니여 불초한 이 자식은
생전에 지은 죄를 엎드려 빕니다

손발이 터지도록 피땀을 흘리시며
못 믿을 이 자식의 금의환향 바라시고
고생하신 어머님이 드디어 이 세상을
눈물로 가셨나요 그리운 어머니

북망산 가시는 길 그리도 급하셔서
이국에 우는 자식 내몰라라 가셨나요
그리워라 어머님을 끝끝내 못 뵈옵고

산소에 엎푸러져 한없이 웁니다

모태신앙을 받고 태어난 나는 어렸을 때는 교회에 다녔지만 송도중학교에 진학하고 나서는 교회에 나가지 않았다. 후에 어머니께서 며느리에게 교회에 나갈 것을 전도하자 그때부터 우리 부부는 교회에 나갔다. 수표교회에 다니게 된 후에는 외국출장으로 자리를 비울 때를 빼고는 주일마다 단 한 번도 빠지지 않고 열심히 교회에 나갔다.

어머니가 한 번도 해외여행을 다녀오시지 못해서 여행을 보내드리려 돈을 모아두었는데 그만 돌아가셨다. 그게 너무나 섭섭해서 눈물이 쏟아졌다. 그냥 있을 수가 없어서, 그동안 모은 돈을 교회에 헌금했다. 처음에는 2천만 원, 다음에 1천만 원을 내면서 "부디 하늘나라에서라도 더 좋은 나라로 여행을 하시라"고 기도드렸다.

독일 속담에 이런 말이 있다.

끝이 좋아야 모든 것이 좋다Ende Gut, Alles Gut.

이 풍진 세상을 살아가다가 보면 끝이 좋지 않은 경우가 너무나 많다. 모든 일이 잘 풀리고 행복한 상황이 계속될 때에 하나님을 예배하는 것은 쉬울지 모른다. 하지만 상황이 언제나 좋을 수는 없다. 어머니가 돌아가시고 난 후유증일까. 어머니를 위한 마음으로 교회에 헌금을 하고 나서도 나는 몇 가지 개운치 않은 일로 상처를 입게 되었다. 바로 그 무렵 김활란 이화여대 총장의 오빠인 김동길 박사를 만났다. 그는 나에게 이런 말로 위로해주었다.

교회에 나가야만 하나님을 믿는 것이 아니다. 지금 세계적으로 무교회주의無敎會主義가 많이 퍼지고 있다. 한국 사람들은 교회에 나가야만 하나님을 믿는 것으로 생각하는데 반드시 교회에 나가지 않더라도 하나님의 뜻대로 생활하면 된다.

김 박사의 이 말이 내 귀에 쏙 들어왔다. 인간인데 과오가 없을 수는 없다. 하지만 지금까지 양심껏 살아가려고 노력했는데, 나를 있는 그대로 평가해주는 사람도 많지만, 나를 보고 "쇼show한다"고 매도하는 사람도 있다. 지금 내 나이가 90세를 넘어 100세를 바라보는데, 이제는 참지 않고자 한다. 누가 뭐라고 해도 아무 거리낌이 없다.

고려대학교 삼총사

■■■■■■■ 내 인생의 3대 기둥이라면(물론 순번이 중요한 것은 아니지만) 첫째가 나의 어머니, 둘째가 유일한 박사, 셋째가 '민족고대'다. 고려대학교에서 나는 훌륭한 친구들을 만났다. 왕년의 현대자동차 정세영鄭世永 회장, LG그룹 창업고문인 구두회具斗會 회장, 그리고 나를 합하여, 우리는 고려대학교의 '삼총사三銃士'로 상생·공존·공생의

우정을 나누었다.

세월은 유수流水다. 이제 세월이 흘러 우리 삼총사 친구 중에서 두 단짝 친구들은 모두 세상을 떠났다. 그러나 고인들의 추모행사라도 있을라치면 만사를 제쳐두고 다녀온다. 이런 인연 등으로 지금도 '내 청춘의 온실溫室'인 고려대학교가 하는 일이라면 물심양면으로 돕고 있다.

또 한 친구, 한국금융사史에 큰 발자국을 남긴 박동희 전 중소기업은행장과도 고대의 단짝으로, 우리는 어떤 어려움도 서로 상의하면서 항상 상생·공존·공영을 도모했다. 과거 언론인 배병휴 주필이 운영하던 《경제풍월》은 나의 '고대 사랑'을 이렇게 표현하기까지 했다.

연만희 유한양행 고문은 여든이 넘은 고령이지만 연 고문의 '고대 정신'은 참으로 유별나다. 선후배들의 안부를 깨알처럼 챙기며 잘 나가는 동문을 격려하고 입원해 있는 동문을 위로하는 것이 거의 일상이다. 한참 아래인 후배들에게도 늘 '아우님'으로 호칭한다. 세상 사람들이 약간은 빈정거리는 말투로 고대교우회, 해병대전우회, 호남향우회를 3대 '극성외골'이라 지칭해도 싫은 내색이 없다. 격동과 격변의 굴곡세월을 살아온 생애에 고대정신만큼 자신을 지켜준 지주가 더 있겠느냐는 말이다.

고려대학교 2학년 때 군에 입대하고 제대한 후, 늦깎이로 고려대학교 경제학과로 다시 돌아왔다. 그리운 친구들을 만날 생각을 하니 가슴이 뛰었다. 그런데 이게 웬일인가? 한국경제사와 후진국개발론 및 농업경제학 등으로 유명했던 조동필(1919~2001년) 교수가 강의하는 '현대경제학'을 수강하고 시험을 치렀는데 학점이 나오지 않았다. 나는 그 연유를 듣고자 조동필 교수님 연구실을 찾아갔다.

"이번 학기 시험을 잘 봤는데 왜 학점이 안 나왔는가요?"

"공부를 안했구면…."

"아니, 열심히 공부했습니다."

"자네는 내 강의시간에 한 번도 들어오지 않았구면."

"시험은 열심히 봤습니다."

교수님은 교무처에 연락하여 내 시험 답안지를 갖고 오라고 하고, 답안지를 꼼꼼히 읽어보시고는 "내 강의를 안 들은 것이 틀림없다"며 재확인했다. 그러나 나도 물러서지 않았다. 나는 "고학苦學을 하느라고 수업에 빠진 일은 있으나 '현대경제학' 공부에는 최선을 다했다"며 설득하여 마침내 학점을 받고 말았다. 어머니로부터 배운 '정직'이 나의 삶에 배어, "내가 옳다"고 생각하면 결국 "옳다"는 방향으로 간다는 것을 배웠다.

나는 과거 '막걸리고대' 시절에는 사나이의 의기義氣를 배웠고, '민족고대'에서는 고대 설립자 인촌仁村 김성수 선생의 '공선후사公先後私, 개인보다 공적인 것을 먼저' 정신을 교훈으로 삼아왔고, 오늘날 '와인고대'에서는 옛 친구들을 기리며 포도주 한잔을 마시곤 한다.

감사를 갚는 최선의 방법은 기부

━━━━━ 1910년부터 1945년까지의 일제강점기, 8·15해방, 6·25전쟁, 4·19와 5·16을 거치며 용케도 유한양행에서 사장과 회장을 지냈으니, 나를 보고 성공한 기업가라고 부르는 사람들도 적잖게 있다. 앞에서도 말했지만 나는 황해도에서 나고 자란 이북 출신인데다 어린 날 아버지마저 여의었다. 그런 나 자신이 이만큼이나 살아왔다는 것을 고맙게 생각하며 하나님께 감사드린다. 그 가운데에서도 나 자신이 이만큼 성공(?)한 데는 고려대학교의 역할이 컸다고 생각한다. 내가 소싯적에 다녔던 연백농고(연안농고)에는 영어과목이 없었다. 그러나 고려대학교는 "영어는 잘 못해도 인간으로서의 도리를 알면 된다"며 나를 합격시켜주었다. 나를 믿어준 고대가 아니었다면, 오늘의 '연만희'는 없었을 것이라고 생각한다. 왜 이런 이야기를 끄집어내는가 하면, 나는 "감사의 마음을 전하는 가장 좋은 방법은 기부"라는 것을 배울 수 있었기 때문이다.

그렇게 고마운 고려대학교에 내가 실수한 것이 하나 있습니다. 1960년대의 일이지요. 1963년에 유일한 박사가 연세대학교에 유한양행 주식 1만2천 주(지속적 배당으로 현재 유한양행 주식의 3.8%로 증가)를 기부하셨거든요. 고려대학교에도 좀 기부해주십사 하고 말씀드렸더니, 유일한 박사는 고대 학생 몇 명에게 장학금을 주는 것이 좋겠느냐 하고 되물으셨습니다. 나는 급한 김에 우물쭈물하다가 다섯 명이라고 말씀드렸지요. 기왕이면 주식을 1만 주쯤 기증해

달라고 말하지 못한 걸 후회하고 있지만, 당시만 해도 내가 '간'이 너무 작았던 것 같아요. 유일한 박사는 그 후 고대에 직접 가셔서 장학금을 기부하시긴 했지만 좋은 기회를 날려버린 것 같아서 두고 두고 후회했지요.

내가 모교에 특별히 기부를 계속해온 것은 그때의 실수(?)를 만회하자는 의미도 없지 않음을 고백코자 한다. 고대인들이시여! 지금도 간은 비록 작았을지언정 고대를 향해 뛰는 심장은 누구보다 뜨거운 사람이라고 말하고 싶다.

나는 1994년 고대가 진행한 '바른 교육 큰 사람 만들기' 모금 캠페인에 성금을 낸 것을 시작으로 지금까지 나의 신분보다 훨씬 큰 거금(?)을 모교에 기부해왔다. 장학금, 창의 발전기금, 제2정경관 건립기금, 학교발전기금, 고대사랑 정기기부KU PRIDE CLUB 등 인재양성과 교육 인프라 확충에 현물 및 주식(유한양행) 등으로 기부했다. 2021년부터 2022년에는 특수 목적사업(유일한 박사의 경영철학이 ESG 경영 활성화에 미친 연구)에 유한양행 주식(우선주)을 기부하기도 했다.

특히 2018년 고대에 유가증권을 기부하게 된 것은 학교 측으로부터 기부 현황 보고를 받은 것이 계기가 되었다. 나도 잊고 있었던 기부내역과 집행내역을 빠짐없이 기록한 자료를 보자마자 굉장히 감동을 받았기 때문이었다. 특히 오늘과 같이 전 세계가 어려움을 겪는 시기에는 '가진 사람'들의 기부가 더욱 절실하다고 생각하면서 "감사를 갚는 최선의 방법은 기부"라는 것을 몸소 깨닫게 되었다. 이

제 유한양행과의 62년 인연(1961~2023년)에 마침표를 찍기에 앞서 나 자신의 감사의 마음을 기부를 통하여 실천해왔고, 유일한 박사를 모시면서 '의식적으로나 무의식적으로' 배운 것을 조금이라도 실천하려고 한 것일 뿐이다. 역시 기부는 인간을 성장시킨다.

자랑스러운 고대인상

▅▅▅▅▅▅▅ 고려대학교 교우회는 2021년 '자랑스러운 고대인상' 수상자로 나 연만희(경제학과 49학번)와 가수 김상희(법학 61) 한국연예인한마음회 이사장을 선정했다. 특별공로상은 대한민국학술원 회장을 지낸 고(故) 김동기(상학 54) 고려대학교 명예교수, 사회봉사상은 이재훈(의학 86) 씨가 받았다.

교우회가 수여하는 '자랑스러운 고대인상'은 사회 발전에 기여하고 모교의 명예를 드높인 교우를 선정해 시상하는 제도다. 교우회는 나에게 고대인상을 주게 된 선정 이유를 감사하게도 이렇게 밝혔다.

연만희 유한양행 고문은 1961년 유한양행에 입사해 대표이사 회장, 공익법인 유한재단 이사장 등을 지내며 기업발전과 경제정의구현에 앞장섰다. 연 고문은 창의발전기금, 바른 교육 큰사람 만들기 등 다양한 성금과 기부로 모교 발전에도 힘썼다.

나도 가만히 있을 수가 없어서, 2021년 5월 5일 '고대인상'을 수상하면서 이렇게 답사했다.

존경하는 정진택 총장님, 존경하는 구자열 교우회 회장님, 존경하는 고대 동문 여러분. 2014년 '자랑스러운 고대인상'을 수상한 김연아 선수는 나이로는 60년 차이가 납니다. 이번 '자랑스러운 고대인 상' 수상으로 김연아 선수의 후배가 되어 기쁩니다.

운 좋게도 제가 영예로운 상을 여러 번 수상했습니다. 그중에서도 유일한 박사의 기업이념을 계승 발전한 공로로 수여받은 '한국의 기업가정신 대상'이 특히 기억에 남고 자랑스러웠는데, 이번 '자랑스러운 고대인상'은 그 어느 상보다도 의미가 큰 것 같습니다. 구십 평생을 고대라는 자부심을 주춧돌 삼아 계속 도전하고 진리, 진실, 진심이라는 삼진三眞을 다하며 옳은 길이 아니면 가지 않았던 제게, 60여 년의 길을 "정말 열심히 잘 걸어왔다"라는 격려로 주시는 상이기 때문입니다. 제가 이 자리에 오기까지 여정을 가능하게 만들어준 많은 분들과 영광스러운 수상을 함께하고 싶습니다.

제 인생에는 두 번의 운명적인 만남이 있었습니다. 그 하나는 고대 입학으로 맺어진 학연이고 다른 하나는 유한양행 입사로 맺어진 유일한 박사와의 인연입니다. 저는 유일한 박사가 설립한 유한재단의 재단 창립이사로서 '정직과 신용정신'을 지키고자 노력했습니다. 61년간의 여정을 성공적으로 마치고 2021년 3월에 은퇴했는데, 지난 시간을 돌아보니 고대 선후배들의 도움이 참 많았던 것 같습니

2021년 '자랑스러운 고대인상'을 수상하며. 왼쪽부터 구자열 고대교우회 회장, 김상희 가수, 연만희 보건장학회 이사장, 정진택 고대 총장.

다. 은퇴를 하면서 이제는 조금 내려놓아야지 생각하고 있었는데 이렇게 귀한 상을 주시니 내려놓기가 또 힘들어졌습니다.

20대 청춘의 마음으로 돌아가, 제가 지나온 길을 걷는 후배 고대인들에게 미래 좌표를 어떻게 제시해드릴 수 있을지 고민하겠습니다. 인생의 마지막 봉사로 생각하고 있는 재단법인 보건장학회를 잘 운영하고, 유한재단을 응원하며 마음의 지지를 보내겠습니다. 다시 한 번, 저의 인생을 마무리하는 시점에 20대 청춘을 보냈던 고대로부터 '자랑스러운 고대인상'을 받게 되어 진심으로 감사드립니다.

한국의 경영자 명예의 전당

▬▬▬▬▬ 《월간현대경영》에서 나의 기업인생 60년(1961~2021년)을 '한국의 경영자 명예의 전당Hall of Fame'에 추대했다. 유한양행에 봉직하며 유일한 박사의 선진 지배구조 시스템을 계승하고 발전시키며, 지속가능한 발전을 이끌고, 나아가 한국 산업계의 발전에 기여했다는 이유였다. 나의 좌우명은 '진리'와 '진실'과 '진심'을 따르는 삼진주의三眞主義다. 이것이 삼진주의의 선물일까?

'한국의 경영자 명예의 전당' 추대 인터뷰 기사

《월간현대경영》은 기업인생 60년(1961~2021년) 동안 유한양행에 봉직하며 유한의 지속가능 발전과, 유일한 박사의 선진 지배구조 시스템을 계승하고 발전시킴은 물론, 한국 산업계의 발전에 기여한 연만희 보건장학회 이사장(전 유한양행 회장)을 '한국의 경영자 명예의 전당'에 추대했다.

《월간현대경영》 2021년 5월호에 수록된 인터뷰 기사다.

'유일한이즘'의 계승자

유한양행 파운더founder 고故 유일한 박사는 한국 경제사회의 남다른 상징이다. 기업 이익을 사회에 환원한 '나눔'의 대명사이자, 세무조사에서 먼지 한 톨 나오지 않은 '정직'의 아이콘이자, 또한 경영권을 가족에게 물려주지 않은 지배구조 개선의 선구자다.

오늘은 유일한 박사의 철학과 사상을 물려받은 최고경영자를 만나는 날이다. 1961년 유한양행에 입사하여 초기 10년은 유일한 박사를 보좌하고, 유 박사 사후 50년은 '정도경영의 유한정신'을 계승, 발전시키는 데 '중심' 역할을 해온 연만희 유한양행 고문이 2021년 3월, 유한에서 공식적으론 은퇴했다. 고려대학교 교우회는 '유일한이즘New Il Hanism'의 유일한 계승자인 연만희 보건장학회 이사장의 60년 봉직을 기념하여 올해의 '자랑스러운 고대인상'을 시상했다. 《현대경영》 편집위원회는 기업인생 60년(1961~2021년)을 유한양행과 함께하며 유한양행의 지속가능 발전은 물론 산업계 발전에 이바지한 '기업 영웅' 연만희 이사장을 '한국의 경영자 명예의 전당'에 모시고자 하오니 강호제현의 많은 지도와 응원을 바란다.

옳은 길이 아니면 가지 않았다

1930년생인 연만희 이사장은 서른한 살(1961년)에 유한양행에 평사원으로 입사, 유일한 박사를 10년간 보좌했고, 1970년에는 유한재단 창립이사로서 1971년 유일한 박사가 세상을 떠날 때까지 최측근에서 유 박사를 모셨다. 유일한 박사와의 10년이라는 운명적 만남은 그에게도 많은 것을 선사했다. 강산도 변한다는 10년 동안, 연 이사장은 어머니로부터 엄격하게 배운 모태신앙과도 같은 '정직'을 실천하여, 유일한 박사가 최애 하는 유한맨으로 성장할 수 있었다. 그는 또한 유일한 박사를 모시면서 유일한 정신을 직접 배우고 함께 실천해온 위치에 있었기 때문에, 유 박사의 타계 후에 유일하게 유일한 정신을 계승 발전시키고, 기업의 사회적 책임 및 오늘날의 ESG(환경·사회·지배구조)의 선구자라는 사명감을 갖고, 1988년 유한양행 사장, 1993년 회장, 1996년 유한재단 이사장, 1971년부터 2019년까지 통산 48년간 유한재단 이사, 1996년부터 2021년까지 25년간 유한양행 고문을 역임해왔다.

1970년 설립한 유한재단의 창립멤버이기도 한 연 고문은 2019년 재단이사직에서 스스로 사임하고, 2021년 3월에는 고문직도 스스로 사임했다.

평생을 옳은 길이 아니면 가지 않았던 연만희 이사장의 이번 은퇴를 기려 《고대투데이》는 "그의 황혼이 나눔으로 물들어간다. 해진 뒤의 노을이 더없이 찬란하다"는 평을 내놓았다. "노병은 결코 죽지 않고 잠시 사라질 뿐이다Old soldiers never die. They just fade away"라는 맥아더 장군의 말이 떠오른다.

유한양행의 존경받는 기업가 정신

편집인 · 안녕하세요. 건강해 보이십니다. 특별한 비결이라도 있으신가요.

이사장 · 매일 저녁 7시 30분부터 8시 30분까지 한 시간 동안 집에서 자전거를 타고 체조를 합니다.

편집인 · 유일한 박사가 설립한 '유한양행' 하면 초우량기업이요, 또한 젊은이들이 가장 입사하고 싶어 하는 회사로 정평이 나 있는데요. 이사장님은 60년 동안 유한양행그룹에 몸담으셨는데요. 한마디로 유한양행은 어떤 회사인가요?

이사장 · 유한양행은 어떤 한 사람만의 기업이 아니라 우리 사회의 기업이요, 이 나라의 기업입니다. 눈앞의 이익이 아니라 먼 미래를 바라보며 기업이 지켜야 할 윤리와 책임을 다하는 것이 유한양행의 전통입니다. 유한양행은 물론 제약회사이지만 우리나라 근현대 기업발전사에 있어 뜻있는 기업으로 성장해왔고, 앞으로도 '유일한 정신'이 살아 있는 한 현재와 미래의 경영진에 의해서 훌륭히 지속가능 성장할 것으로 믿고 있습니다.

편집인 · 유일한 박사는 자신이 소유하고 있는 모든 재산의 사회환원 등 이른바 '기업의 사회적 책임CSR, Corporate Social Responsibility'과 '공유가치의 창조CSV, Creating Shared Value'를 강조하셨는데요. 이사장님께서 현역으로 활동하실 때 가장 중시한 경영철학은 무엇이었습니까?

이사장 · 저는 이미 1996년 회장직을 사임하고 경영일선에서 물러난 지가 오래돼 재임기간 동안의 경영철학을 말하는 것이 적절치는 않을 것 같습니다. 다만 그 후에도 재단 이사장으로서, 고문으로서 '유일한 정신'을 전파코자 노력을 다했습니다. 유일한 박사의 창업이념을 계승 발전시키는 것이 언제나 저의 으뜸 목표였고, 유일한 박사의 주요 핵심어록이 30여 개가 있는데요. 그 중에서도 '성실한 납세, 정직과 신뢰, 사회적 책임과 윤리적 경영', '기업의 소유주는 사회다', '기업에서 얻은 이익은 그 기업을 키워준 사회에 환원해야 한다' 등의 정신과 내용을 그대로 살려 유일한 정신을 전파코자 노력해왔습니다.

회장님 엄명, "유한의 주인은 사회와 구성원이다"

편집인 · 유일한 박사가 몸소 가르치고 보여주신 '유일한 정신'을 좀 더 구체적으로 말씀해주시면요.

이사장 · 제가 유한에 입사하자마자 유일한 회장(이하 통일)의 엄명이 떨어졌습니다. 몇 번 뵌 적도 없는 회장님이 저에게 증권시장의 상장업무를 맡겼습니다. 처음에는 "실패하면 어떻게 할까" 하고 고민하면서 밤잠을 설쳐가며 열심히 준비해서 마침내 1962년 11월, 제약업계 최초로 기업을 공개하고 주식을 상장할 수 있었습니다. 그때 유일한 회장으로부터 배운 교훈 중에 "유한양행은 상장과 함께 내 회사가 아니며, 이 회사를 성장하고 발전시켜준 우리 사회와 구성원이 유한양행의 주인이다"라는 말씀이 있었습니다.

편집인 · 궁금한 것이 있습니다. 입사 1년 차 신입사원(연만희)이 어떻게 회장으로부터 신임을 받게 되었을까요?

이사장 · (하하하!) 저도 그 이유를 잘 모르겠습니다. 서울 대방동 유한양행 본사 앞에 유일한 회장 소유의 작은 토지와 주택이 있었습니다. 1960년대 말 총무부장으로 제가 일찍 출근하다 보니 회장님께서 "아예 회사 가까이 거주하면서 근무하라"며 토지와 주택을 주시겠다고 저에게 말씀하신 적이 있었습니다. 당시 저는 서울 성북구 정릉에 집이 있었기 때문에 회장님 제안을 간곡히 거절했던 기억이 나는데, 아마도 돌이켜보면 회장님께선 '연만희 군이 욕심이 없는 정직한 놈(?)'이라고 믿게 되신 것이 아닌가 생각해봅니다.

편집인 · 유일한 회장과 함께한 '10년 시공간' 가운데 가장 중요한 키워드는 '정직'인 것 같습니다. 유일한 회장의 '정직' 코드와, 연만희 이사장의 '정직' 코드가 매치match된 것으로 보이는데요.

이사장 · 가장 가까운 거리에서 유일한 회장을 보좌할 수 있었던 것은 저에겐 일생일대의 운명이요 또한 행운이었습니다. 그 첫 번째는 어머니로부터 거의 모태신앙처럼 '정직'을 배웠는데, 유일한 회장을 측근에서 모시는 10년 동안 '정직'을 바탕으로 한 회장님의 철학을 몸에 익힐 수 있었습니다. 1971년 유일한 회장 타계 후에는 제가 솔선해서 '유일한 정신'을 계승하고 발전시키는 데 앞장섰습니다. 전 재산을 사회에 환원하고 회사 경영권을 가족에게 승계하지 않겠다는 고인의 유지를 받들어, '순수 유한인'들에 의해 기업이 승계될 수 있는 절차와 시스템을 구축했습니다.

국가와 사회, 국민으로부터 신뢰받는 기업으로 만들기 위해 경영혁신도 꾸준히 실행했고, 기업의 사회적 책임 수행, 투명한 기업 지배구조, 노사 상생의 기업문화, 그리고 전통의 '노예'가 되지 않는 기업문화와 진취적 인재육성 등등 유일한 회장이 생전에 강조했던 정직과 정도의 경영을 하나도 빠짐없이 그대로 실천해, 오늘의 넘버원No.1 제약기업을 일궜다는 데 큰 보람을 느끼고 있지요.

또한 유일한 창업주가 세상을 떠난 후 제가 유한양행 사장과 회장을 거쳐 유한재단 이사장까지도 역임했으니 유한정신의 계승 발전을 위해 일정한 역할을 해온 셈입니다. 유한양행에는 창업주의 유언대로 직계 친족 한 사람도 경영에 참여하지 않고 있습니다. 그 대신에 전 임직원이 주주이자 주인이며, 노사관계도 원만하게 운영되고 있습니다. 창업주께서는 1969년 경영

은퇴에 앞서 부사장이던 외아들 유일선 씨를 퇴사시켜 전문경영인체제를 확립했으며, 1971년 3월 타계에 앞서 전 재산의 사회 환원과 혈족들의 경영참여를 막아달라는 유언장을 남김으로써 미래의 유한양행 발전에 초석을 깔아놓은 셈입니다. 주인이 없는 사원회사가 반드시 최상이라고 할 수는 없겠지요. 그러나 유한의 경우에는 창업주가 전 재산을 사회에 환원한 후 순수 유한인들에 의해 기업이 승계되어 안정적으로 발전하는 성공모델로 평가받고 있고, 현 경영진도 이 전통을 계속 발전시킬 것으로 믿고 있습니다.

유한의 기업지배구조 시스템과 ESG

편집인 · 유한의 기업지배구조 시스템을 보면, 유한이야말로 요즘 강조되는 ESG 경영의 선진회사요, 또한 세계적인 시각으로 보더라도 가장 완벽한 기업지배구조 시스템을 갖추고 있다고 평가할 수 있겠는데요.

이사장 · 유한양행의 지배구조를 보면 '경영'의 유한양행 대표이사와, 유한의 대주주 역할을 수행하는 '소유'의 유한재단 이사장이, 제도적으로 '소유와 경영'이 분리되는 독특한 거버넌스 구조를 구축하고 있습니다. 유한양행 경영에 가족경영을 배제시키고, 나아가서 대표이사 임기의 경우 3년 연임, 총 6년을 유한양행 경영의 대장전大章典, Magna Carta으로 정착시킨 것을 보람으로 삼고 있습니다. 바로 이 유한 경영 대장전은, 유일한 회장

사후 50여 년간 유일한 정신을 계승 발전시켜온 유한의 주요 전임 임원들이 만들어온 관례이고 나는 이러한 유일한 회장의 유산을 유한의 '청지기' 역할을 수행하면서 지켜온 것을 자랑스럽게 생각합니다.

나는 오랜 경험과 연륜에서 최고경영자 임기제에 대한 확신을 갖게 되었지요. 대표이사 사장 임기 만료 1년 전에 후임 사장을 총괄부사장으로 선임토록 하여 훈련시키는 이 제도는 선진국 이사회 제도에서나 볼 수 있는 시스템입니다. 그러나 내가 이 시스템을 주목하게 된 것은 유한양행과 같이 회사의 절대적인 개인주주(오너)가 없는 상황에서는 (임기제한이 없을 경우) 우수한 실적을 보인 전문경영인의 임기가 만료될 때마다 경영권과 관련된 많은 논란이 생길 수 있다고 판단한 것이죠. 유한의 대주주 역할을 수행하고 있는 유한재단이 '유일한 정신'을 전파하는 중요한 미션을 수행하고 있지만, 이와 더불어 아무리 유능한 전문경영인이라고 하더라도 대표이사 임기 만료 1년 전에 '욕심의 통제'가 가능하도록 총괄부사장 제도를 확립한 것입니다. 나 역시 유한양행 회장 업무를 수행하면서 이같은 좋은 전통과 제도를 유지하고 발전시키기 위하여 임기 1년을 남겨둔 시점에 유한양행 경영에서 사임했습니다. 이러한 유한의 관습과 전통인 유한의 전문경영인 제도가 유한의 대장전으로 안착한 것을, 나는 항상 유한의 앞날을 위하여 매우 잘된 시스템이라고 자부하고 있습니다.

'오너'라는 말은 어폐

편집인 · 과거 역사학자 겸 동아일보 주필을 지낸 천관우 선생이 '보수, 반동, 급진, 자유파'라는 네 가지 모델을 말한 적이 있습니다. 현상에 만족하면서 장래는 낙관하지 않는 사람은 '보수파'가 되고, 현상에 불만이면서 장래도 낙관하지 않는 사람은 '반동파'가 되고, 현상에 불만이지만 장래는 낙관하는 사람은 '급진파'가 되고, 현상에 만족하면서 장래도 낙관하는 사람은 '자유파'가 된다는 겁니다. 이 모델에 따르면 '유한 비즈니스맨' 60년 동안 언제나 정직과 매니지먼트 시스템 혁신으로 현상을 만족시키고, 장래도 낙관적으로 그려보는 이사장님이야말로 '자유파'라고 말할 수 있겠는데요. 끝으로 고려대학교 출신 최고경영자로서 '자유, 정의, 진리'를 표방하는 고대 이야기도 들려주시죠.

이사장 · 구십 평생 운 좋게도 영예로운 여러 상을 수상했고 그중에서도 유일한 회장의 기업이념을 계승 발전시킨 공로로 수여 받은 '한국의 기업가정신 대상大賞'이 기억에 남고 자랑스러웠는데, 이번에 수상하게 된 '자랑스러운 고대인상'은 예전에 받았던 그 어떤 상보다 큰 의미가 있는 것 같습니다. 그동안 국가차원에서 주는 상들이 모두 유한 근무와 관련이 있다면 이번에 받은 '자랑스러운 고대인상'은 20대 청춘을 보냈던 고대로부터 나의 인생을 마무리하는 시점에서 받는 상이라서 벅찬 감동을 갖게 합니다. 제 인생에는 세 번의 큰 운명적 만남이 있었는데, 하나는 어머니로부터 배운 '정직', 둘째는 유한양행 입사로 맺어진 유일한 회장과의 운명적 만남, 셋째는 고대 입학으로 맺어진 운명적 학연이었습니다.

기업의 소유주는 '사회'

편집인 · 코로나 난세亂世로 인하여 우리나라는 물론 전 세계가 난리를 치르고 있는데요. 원로경영자로서 《현대경영》 독자층인 500대 기업 CEO 여러분께 한 말씀 부탁드립니다.

이사장 · 제가 늘 하는 이야기입니다만, 모든 의사결정에서 최고경영자의 정직성이 가장 중요하다고 생각합니다. 이는 투명경영과도 연결된다고 봅니다. 무엇보다도 CEO 본인의 자세가 중요하고 앞장서서 보여주면 종업원들도 따라옵니다. CEO가 직원, 고객, 사회와 한 약속을 지키지 않는다면 기업의 생명인 신용과 신뢰는 무너지는 것입니다. 유일한 회장께서 "유한양행은 상장과 함께 내 회사가 아니며, 이 회사를 성장하고 발전시켜준 우리 사회와 구성원이 유한양행의 주인이다"라고 하신 말씀을 기억하라고 말씀드리고 싶습니다. 상장하는 순간부터 내 회사가 아니기 때문에, 오너라는 말은 어폐語弊가 있지요. 언론에서도 이 말을 안 써야 한다고 제안합니다. 대주주도 주주일 뿐입니다.

성공한 기업의 비결은 아주 단순합니다. 고도의 경영전략이라기보다 정도경영으로 경영의 실상을 사실대로 공개하여 기업내외의 이해와 지지를 얻는 데서 비롯된다는 평범한 사실이 이를 뒷받침해준다고 봅니다.

요즘 기업경영에서 강조되고 있는 ESG 경영의 원칙과 기본을 유일한 회장은 이미 60년 전에 실천하신 것입니다. 또한 기업의 기능에는 유능하고 유익한 인재를 양성하는 교육까지도 포함되어 있어야 한다고 강조하고 싶습니다. 전문경영인은 주변의 모든 사람들을 만족시켜야 하는 부담스러운 자리이기에 다른 사람과 소통하고 의견을 듣는 것을 부지런히 하면서 많은 사람들의 의견을 청취하고 통합하는 경영을 해야 함을 강조하고 싶습니다. 미국의 실업가 카네기의 무덤에 있다는 "여기엔 남의 두뇌를 활용할 줄 아는 사람이 묻혀 있다"라는 말의 의미를 되새겨 경영과 경영자 교육에 참고하셨으면 합니다. 끝으로 유일한 회장이 당부하신 말씀을 다시 한 번 되새겨봅시다.

"기업의 소유주는 사회이다. 단지 그 관리를 개인이 할 뿐이다."

1969년 유일한 박사를 모시고.
앞줄 왼쪽 세 번째부터 유일한 회장,
연만희 상무이사.

"유일한 박사는 가셨지만 우리는 유일한 박사를 보내지 않았습니다!"

유한양행 상무이사 시절.

유한스미스클라인 안양 공장에서. 왼쪽부터 연만희 유한스미스클라인 사장,
존 채플(John Chappell) 스미스클라인 본사 사장.

앞줄 왼쪽부터 전영철 유한재단 이사장, 유일링 유한재단 이사, 연만희 유한양행 회장. (1994년)

1988년 유재라 여사 생일기념 모임에서 연만희 유한양행 사장(뒷줄 왼쪽 첫 번째)

1998년 서울 성북구 삼선교 자택에서. 유재라 유한재단 이사장과 유한 투자사 임원 부부와 함께.

연만희뎐^傳

'연만희회고록발간위원회'는 2022년 4월 27일, 5월 18일, 6월 29일, 8월 29일, 11월 29일과 2023년 2월 10일, 4월 17일 등 총 7차에 걸쳐 현재 유일한 박사가 설립한 보건장학회 이사장으로 봉사하는 연만희 이사장과의 인터뷰를 통해 그의 파란만장한 60년 기업인생을 담아 '연만희뎐'을 꾸며보았다.

'연만희뎐'은 한국의 고전소설 『흥부뎐』과 『놀부뎐』을 모델로 삼았으며, 연만희 이사장과 유일한 박사와의 관계에서 '하고 싶은 말', '하지 못한 말' 등을 담아 마당놀이 형식으로 기록해보았다.

2023년 보건장학회 이사장의 퇴임을 기념하며 소개하는 '연만희뎐'이 아무쪼록 '유일한 정신'을 알기 쉽게 배울 수 있는 '국민독본'으로 보급, 활용되기를 바란다.

첫째 마당

세상의 벗님네야 한국 이름 연만희, 서양 이름 Yun Man Hee 한자이름 延萬熙 단기 사천이백육십삼년(1930년) 황해도에서 태어나서 서른한 살부터 아흔한 살(1961~2021년)까지 유한양행과 유한재단 등 육십 년 기업인생 세계기록 보유자 연만희 보건장학회 이사장 오늘 상봉하니 어화 벗님네야 우리 한번 그의 타령 들어보세 육십 년 기업인생이란 오대양 육대주 동서고금에서 희귀하다고 판단되어 흥부뎐과 놀부뎐을 벤치마킹하야 연만희뎐을 사차 산업혁명시대 대명천지에 내놓으니 우리 모두 읽어보세 얼씨구절씨구 좋오타아!

둘째 마당

연만희회고록발간위원회는 연만희뎐 완판본 제작을 위해 단기 사천삼백오십오년(2022년) 사월이십칠일 서울 한수이남 대방동 유한양행 사층 소재 보건장학회를 일차방문 연만희 이사장과 최초 인터뷰에 성공하고 다시 이어 오월십팔일 유월이십구일 팔월이십구일 십일월이십구일 그리고 해를 넘겨 단기 사천삼백오십육년(2023년) 이월십일 사월십칠일 등 일곱 차례 연만희 이사장을 접견하고 그의 육십 년 기업인생 녹취하여 '연만희뎐'을 사바세계에 내놓았으니 마니마니 읽어보소!

셋째 마당

아동방我東邦이 군자지국君子之國이요 예의지방禮意地方이라 십실지읍十室之邑에도 충신이 있고 칠세지아七世之兒도 효제孝悌, 부모효도, 형제우애를 일삼으니, 무슨 불량한 사람이 있것느냐만, 순임금 세상에도 사흉四凶이 있었고 요임금 당년에도, 도척盜拓, 도둑이 있었고 충청 전라 경상 삼도 월품에 사는 박가 두 사람이 있었으니 놀부는 형이요 흥부는 아우인데 동부동모同父同母 소산이되 성정은 아주 달랐네.

넷째 마당

이놈 놀부봐라 수절과부 욕보이기 여승보면 겁탈하기 길가에 허방놓기 제비다리 부러뜨리기 열녀보고 험담하기 이장하는데 뼈 감추기 배앓이하는 놈 살구주기 오대독자 불알까기 만경창파 배밑뚫기 제주祭酒병에 오줌 싸기 우물 밑에 똥 누기 오려논(올벼를 심은 논)에 물터 놓기 갓난아기 똥 먹이기 남의 노적 불지르기 초상난데 춤추기 불붙는데 부채질하기 똥싸는 놈 일어앉히기 늙은 영감 덜미잡기 아기밴 계집 배치기 곱사 엎어놓고 발꿈치 치기 예라 이 나쁜 녀석 우리 모두 놀부 녀석 배척하세.

다섯째 마당

세상사람 이 이야기도 들어보소 흥부뎐 자초지종이 이러한데 야속할 손 세상인심 괘씸할손 광대글쟁이 솜씨더라 있는 말 없는 말에 꼬리 달아 원통한 귀신 매섭게 몰아치기 웃으며 짓밟기 이 세상일 속에는 속이 있고 곡절 뒤에 곡절인데 겉보고 속보지 않으니 제가 저를 속이며 소경이 제닭치고 동리굿에 춤을 춘다 강남제비 박씨받아 흥부가 치부하니 착한 사람 이기고 악한 사람 지는 게 세상이치 아니겠나 그나저나 지금이 사차 산업혁명 인공지능 시대인데 가난한 놈 박씨 물어다 주는 복제비가 있을랑가.

여섯째 마당

세상의 벗님네야 이 내 푸념 들어보소 세상은 고해화택苦海火宅이요 가난구제는 나라도 못한다는데 흥부 이 사람 심사보소 남에게 싫은 소리 없이 울타리 지켜질까 세상의 벗님네야 이 소식도 새겨보소 연만희 유한양행 전 사장 회장 유한재단 이사장 현 보건장학회 이사장 연만희가 어머니로부터 뼛속까지 전수받은 정직한 인생관 유한양행 입사하매 유일한 박사와 케미chemistry 되어 정도경영 유한양행 발전시키고 유일한 정신 따라 기업의 사회적 책임 완수하니 이는 서양사람 워런버핏이나 빌게이츠와 같이 자랑할 일이외다. 얼씨구좋

오타아 연만희던 읊어보세.

일곱째 마당

황해도 평산 출생 연백 사람 연만희 공 단기 사천이백육십사년 (1930년) 시월십오일 선친 연적억 공 모친 홍보윤 여사 사이 탄생하셨네 그런데 이게 웬일이오! 연만희 공 태어나자마자 세 살 때 아버지 돌아가시고 스물셋에 홀로되신 어머니 따라 외가에서 외롭게 자라게 되었다네 외할배 홍석표洪晳杓 공 가세당당 지방고을 양반으로 일찍이 개화문명 신교육에 밝아 아들딸 서울 휘문고 진명여고에 유학 보낸 선구자일세 외할배 홍석표 공은 아버지 일찍 여읜 외손자 연만희 처지 가엾게 생각해서 각별하게 그를 사랑했다네 때마침 막내이모가 연백초등학교 교사로 부임해서 어린 조카 보살피기 위해 이모님은 해가 뜨고 달 지는 것을 모르고 오로지 연만희 학생 챙겼다네 특히 머리 좋고 영민하고 매사 정직한 연만희 학생 외할배 정성과 이모님 교육에 힘입어 공부 잘해서 육 년 내리 반장 도맡아 하고 특히나 어머니 처지 생각해서 매사 신중 정직 효도 극진해서 마을사람 찬사 받으며 성장했네 세상 이치 모두 똑같아 오대양육대주 어느 나라 어느 사회이든 금은 진흙 속에서 더 빛난다Gold shines in the mud 하니 이제 연만희 공 육십 년 기업인생 타령 들어보세 얼씨구절씨구 좋오타아.

여덟째 마당

이보소 벗님네야 연만희 공 각설 들어보세 나는 영어 못하는데 유일한 박사 영어 잘하는 놈들보다 나를 더 사랑하시네 나는야 운이 좋은 사람이야 하나님이 보우하사 지금까지 잘 살아오고 있는 게야 내가 세 살 때 아버지 돌아가시고 어머니 스물셋에 혼자되셨는데 아버지 얼굴 기억나지 않아 사진으로만 봤을 뿐이야 초등학교 일학년부터 육학년까지 도맡아 급장반장 했네 어머니가 신동 태어났다고 좋아하셨지 그런데 그게 아니야 내가 급장반장 한 것은 나의 처지 불쌍히 여겨 주변 사람 모두가 다 나를 도와줘 된 것이 아닐까.

아홉째 마당

세상은 고해화택이나, 노력하면 금은보화金銀寶貨 차지하지 나는 공부도 좀 했지만 농구는 더 잘했지 황해도 연백농립학교 농구부 명 센터로 활약했지 개성 명문 송도중학교 스카우트되어 명 센터로 다시 활약했고 서울 안암동 소재 고려대학교 스타플레이어로 종횡무진縱橫無盡 뛰었지 고대 1학년 농구부 시절 농구만 잘해서는 성공할 수 없다 판단하야 아무에게도 집주소 알려주지 않고 합숙연습장에서 집으로 도망갔지 공부하려고 오로지 공부만 하려고 그러자 안병석 씨라고 농구계에선 알아주는 양반인데 그분이 나의 뺨 대여섯 번 때리더니 나쁜 놈의 자식 그렇게도 공부하고 싶으면 말하고 가면 되지 왜 말없이 도망가냐 너는 인간이 아니야 하고 나를 막 때리고 혼내면서 앞으로는 시합 때면 공 차지 말고 주전자에 물 떠서 선수들에게 주라고 명령했지 그러나 맘씨 좋은 그 양반 용서해줘서 다음날부터 열심히 농구공 날렸지 현대그룹 창업자 아산 정주영 회장 시련이 있어도 실패는 없다고 말했는데 나는 시련이 있으면 더욱 분발해서 더 많이 뛰어서 공 찼고 남보다 공부 더 잘하고 남보다 효도도 잘하는 인간이 되려고 노력했지 올해 내 나이 아흔세 살 지금도 유일한 박사가 설립한 보건장학회에서 봉급 없이 이사장 자리 맡고 있네 그려.

열째 마당

하나님이 보우하사 민족고대 들어갔는디 고대라는 학교는 한마디로 사람 기르는 기관이야 사람 가르치고 키우는 대학이지 민족대학 막걸리대학 와인대학 AI(인공지능)대학이라는 고려대학교에서 평생 친구 만났어 구두회 정세영 연만희 삼총사 또 한 사람 은행장 된 박동희도 절친이랑께 우리 삼총사 가운데 하늘나라 먼저 도착한 두회 세영 모두들 잘 있지 우리가 옛날 약속하지 않았나 열심히 공부해서 성공하자 다짐했지 그런데 말이야 우린 모두 성공했잖아 세영아 자네가 머시 급한지 제일 먼저 2005년 하늘나라 떠났고 두회야 2011년 두 번째로 너도 세상을 떠났지 2016년엔 동희마저 하나님이 부르셨어 나는 이제 홀로 남아 누굴 의지하고 이 난세를 살아가나 그나저나 슬퍼하지 말자구 이탈리아 사람 레오나르도 다빈치 그림쟁이가 이런 말을 했어 죽은 자를 위해 울지 말라고 죽은 자는 지금 휴식을 취하고 있다는 게야 세영아, 두회야, 동희야 레오나르도 다빈치 그 녀석 옳은 말을 했네 오랫동안 휴식을 취하는 그대들의 잠을 깨워서 미안하네.

열한째 마당

아이고 아이고 에고 에고 고려대학교라면 나를 길러준 학교이고 사실 내가 고대 이학년 때 육이오사변 터져서 군대 나갔다가 복학해서 올드보이OB로 공부하느라 힘들었지 그나저나 운이 좋아 서른한 살에 대한민국 유한양행 들어가서 유일한 씨 만났는데 사실 그때까진 유일한 씨 누군지도 몰랐어 우리 어머니가 나를 위해 빌고 하나님이 이 불쌍한 연만희 보우하사 조선 위인 유일한 씨 만나게 해준 거야 유한양행 입사 특별면접에서 유일한 씨 처음 상봉했는데 말이야 유일한 박사 밑에서 일해보니까 그 양반 참으로 훌륭한 위인이었어 그로부터 오늘까지 유한양행, 유한재단에서 육십 년간 일했으니 조선팔도, 오대양육대주 나만큼 비즈니스맨 육십 년 한 사람 있으면 나와보라고? (잘났다 잘났다 우리 연만희 선상님!)

열두째 마당

어화 벗님네야 나는야 참으로 운이 좋은 사람이라서 유일한 씨 같은 위인 만났지 그 양반이 유난히 나를 아껴주셨지 하늘도 무심하시지 단기 사천삼백사년(1971년) 신해년辛亥年 삼월십일일 하늘이 두 동강 나고 땅이 갈라지는 날이 왔어 아아! 아이고 에고! 유일한 님은 가셨지마는 나는 유일한 님을 보내지 않았다오 가지 마시오 가지 마시오 유일한 님 유일한 님 떠나니 우리 후예後裔들이 유일한 정신 길이 보전하고 발전시켜야 하난디 누가 이 대업을 맡느냐 하는 것이 문제로다 옛말에 '천망회회 소이불실天網恢恢 疎而不失'이라는 구절이 있지 하늘은 뻥 뚫린 것 같이 엉성해 보이지만 하늘의 그물망은 단 한 놈이라도 나쁜 녀석이 있으면 빠져나가지 못하게 뽑아낸다는 거야 유일한 님 유일한 정신 결국 하나님 하느님 우리 한울님이 보우하사 지켜주실 거야.

열세째 마당

하루는 회장님이 나를 부르시더니 임자! 유한양행에서 총무과장을 하려면 회사 근처에서 살아야 해 그래야 더 열심히 일하게 되지 감사합네다 회장님 대방동 유한양행 옆 일백 평 땅 줄 테니까 여기서 집을 짓고 살라고 해 그래서 내가 회장님 고맙습니다 그나저나 소인은 회장님이 집 안 사줘도 서울 성북동 정릉 산골짜기에 제가 직접 땅 사서 지은 집 있삽니다 잘 먹고 잘 살고 있으니 걱정 끄시라고 말씀드렸지 그때는 철없는 맘으로 회장님이 왜 이러실까 나를 시험하시는 걸까 나를 이뻐해주시는 걸까 오만 가지 생각이 다 들더구먼 그러나 깨달았어 회장님은 절대로 남을 시험하시는 분이 아니야 회장님은 사람을 키우고 사람을 사람답게 정직하게 살아야 한다는 메시지를 나에게 보내신 거라고.

열네째 마당

참으로 세상사는 알고도 모를 일이야 나의 아바이는 내가 세 살 때 돌아가시고 오마니는 스물세 살에 홀로되시고 운명이란 게 고약하지만 세상도 또한 요상해서 고약한 운명도 빛을 받을 수 있는 거야 그렇게 이리저리 우왕좌왕 허둥지둥 살다보니까 말이야 어려움이 많았는데 어쩐 일인지 유일한 씨 만난 후부터 만사형통萬事亨通이야 회사가 크려면 땅도 있어야 하고 공장도 지어야 하는데 처음 유한양행 대방동 본사 안에는 연구소도 공장도 그 속에 함께 붙어 있어 아주 좁았지 회장님이 하루는 날 부르시는 거야 새 공장 지을 땅 알아보라는 거야 그래서 말야 경기도 안양 땅 3만2천 평 매입하고 대한민국 충청북도 오창 이남으로 공장 옮기면 법인세 면제해준다고 해서 오창 땅도 사게 됐어 그때 회장님 엄명으로 매입한 땅들이 자본의 원시적축적 도모해서 유한양행 폐암 신약 렉라자 개발로 이어지니 어화 벗님네야 유일한 님 선견지명 우리 모두 배워보세 부동산 투기하라는 말 절대 아니니 명심하게나.

열다섯째 마당

이제 헤어질 시간이야 이탈리아 남자 안드레아 보첼리, 영국 여자 세라 브라이트먼 노래 잘 부르더구먼 타임투세이굿바이Time to Say Goodbye야 끝으로 내 이야기 한마디 하겠소 존경하는 유일한 님의 유일한 정신 벤치마킹해서 나도 삼진주의라는 경영철학 만들어 실천하고 있지 삼진주의가 뭐라꼬? ①진리眞理 ②진실眞實 ③진심眞

心이야.

첫째, 진리란 '참' 이론이지. 진眞,참을 벗어난 것은 위僞,거짓야, 착하게 살고 거짓으로 살지 말자는 거지 회사에서 일하다 보면 선善과 악惡, 진眞과 위僞가 뒤엉켜서 옳게 결정하기가 어렵지 그럴 때 기준이 되는 것이 참 진리야 나는 진리가 내 마음속에 자리 잡도록 선각자들의 좋은 책과 좋은 말씀 늘 귀담아 들으려고 노력했어 나이 구십이 넘어 지금은 읽지 못하지만 한창 대표이사로 일할 때는 하루에 한 시간 이상 반드시 손에서 책을 놓지 않았지 나는 또한 독실한 기독교 신자야 성서聖書를 통해 참된 진리를 구하고 진리를 터득코자 노력을 게을리하지 않았지 벗님네야 연만희 공 자기 혼자 잘나셨다고 흉보지는 말게나.

둘째, 진실이란 성정性情이 바르고 참되고 헛되지 않은 마음이야 나는 평생을 유한양행에서 임원과 CEO로 일하면서 누가 나에게 좌우명이 무엇이냐고 물을 때는 서슴없이 '진실'이라고 대답했지 노사 임금교섭에서도 회사의 실상을 종업원들에게 진실하게 털어놓고 진실하게 대화를 나누면 어떤 어려운 문제라도 풀리더라고.

셋째, 진심이란 문자 그대로 참되고 올바른 마음가짐이지 무슨 일이든지 참되고 올바른 진심으로 거짓과 꾸밈이 없이 한다면 안 되는 일이 없지 진심이 없이 남을 설득한다는 건 결국 나를 속이는 것과 다름없어 내가 유일한 님으로부터 많은 것을 배워서 정립해본 진리, 진실, 진심이라는 삼진주의로 임하면 이 세상에 무서운 일은 하나도 없어.

이제 붓을 놓아야 하것소 내가 유한에 육십 년 있었지만 잘한 일도 있으나 실수도 있었을 거야 또 나를 믿어주는 사람들도 있지만 안 믿어주는 사람도 있었을 거야 그러니 세상은 요지경이지 나를 좋아하는 사람이나 안 좋아하는 사람이나 모두 대한민국 국민이 아니겠어 우리 모두 대동단결해서 이천이십육년 유한양행 백주년 날 위대한 기업이 되도록 우리 모두 함께 뭉치세 유한은 장사하는 회사가 아니야 나라 잘되고 국민 편히 살고 특히 젊은 양반들 공부 잘하라고 장학금 주는 회사야 이런 회사 평생 근무하게 한 하나님께 감사하면서 끝으로 유일한 박사가 늘 외우시던 기도문 가운데 그 마지막 부분을 함께 기도해봅세.

맺음 기도
−유일한 박사 기도문에서

삶에 있어서 무엇이 더 중요한 것인가를 인식할 수 있고,
오늘날 저희들에게 주어진 좋은 것들을 충분히 즐기며,
명랑하고, 참을성 있고, 친절하고,
우애할 수 있는 능력을 허락하여 주시옵소서.
무엇보다도 온 인류 모두가 참된 목적을 위하여 일하고,
평화로운 마음으로 이 세상을 살아갈 수 있도록
저희들의 마음을 겸손함과 이웃을 아끼고
사랑하는 마음으로 가득 채워 주시옵소서. 아멘!

유일한 연보

1895   아버지 유기연 공과 어머니 김기복 여사 사이에 평안남도 평양에서 출생

1904   대한제국 순회공사 박장현을 따라 미국 유학길에 오름. 미국 중부 네브래스카주 커니에 정착, 침례교 신자인 두 자매의 집에서 생활

1909   박용만이 네브래스카 헤스팅스에 설립한 독립군 사관학교인 한인소년병학교 입학

1915   헤스팅스고등학교를 졸업하고, 학비 마련을 위해 디트로이트변전소에 취직

1916   미시간대학교 상과 입학. 학비를 벌기 위해 중국인들을 상대로 무역업으로 아르바이트 함

1919   3월 1일, 조국에서 3·1운동이 일어나자 필라델피아 한인자유대회에서 「한국 국민의 목적과 열망을 석명하는 결의문」의 기초 작성위원으로 선임되고, 대회장에서 직접 낭독함. 미시간대 학 상과 졸업

1922   대학동창 스미스와 동업으로 숙주나물 통조림을 생산하는 라초이식품회사(La Choy Food Product Inc.) 설립

1926   라초이식품회사 등 미국 재산 정리, 부인 호미리 여사와 귀국하여 '건강한 국민만이 주권을 누릴 수 있다'는 신념으로 서울 종로 2가 덕원빌딩에 유한양행 설립

1936   법인체 주식회사로 발족하고 제1대 취체역 사장으로 취임

1941   하와이에서 열린 해외한족대회 집행위원으로 활약. 남가주대(USC) 대학원에서 경영학 석사 학위 취득(MBA)

1942   미육군전략처(OSS) 한국담당 고문. 당시 노벨문학상 작가인 펄벅 여사와 친하게 지내고, LA 에서는 재미한인들로 무장한 맹호군 창설의 주역으로 활동

1945   미육군전략처(OSS)의 지하항일투쟁계획인 냅코작전(NAPKO Project) 1조 조장으로 특수군사 훈련을 받으며, 국토수복작전을 전개하려 준비했으나, 8월 15일 해방으로 불발. 미국 버지니 아 핫스프링스에서 태평양 연안 12개국 대표가 참석해 전후 문제 논의를 위해 열린 IPR 총회 에 한국대표로 참석

1946   미국에서 8년 만에 귀국, 대한상공회의소 초대회장 취임

1948   스탠퍼드대학원 국제법 수학

1952   경기도 소사공장에 교육사업의 시작인 고려공과기술학교 설립

1962   제약업계 최초로 유한양행 주식 상장

1963   개인 소유 주식 1만7천 주를 장학기금으로 연세대와 보건장학회에 기증

1964   학교법인 유한학원을 설립하고 서울 영등포구 항동에 유한공업고등학교 건립

1965   유한교육신탁기금 관리위원회를 발족하고 개인 주식 5만6천 주를 희사하여 교육 및 장학사 업 확대. 연세대에서 명예법학박사 학위 취득

1970   재단법인 유한재단(한국사회 및 교육원조신탁기금) 설립

1971   유일한 박사 76세를 일기로 영면(3월 11일), 유언장을 통해 전 재산 사회 환원

연만희 연보

1930	아버지 연적억 공과 어머니 홍보윤 여사 사이에 황해도 연백에서 출생
1949	개성 송도중학교 졸업
1955	고려대학교 경상대학교 경제학과 졸업
1997	숭실대 명예경영학박사 학위 취득
1961	주식회사 유한양행 입사
1969	주식회사 유한양행 상무이사
1970-2019	재단법인 유한재단 이사
1976	주식회사 유한양행 전무이사
1982	재단법인 신도리코장학회 이사
1982	주식회사 유한스미스클라인 사장
1988	쉰여덟 살에 제15대 유한양행 대표이사 사장 취임
1988	유한사이나미드 대표이사 회장
1988	한국생산성본부 '노사협조부문 생산성대상' 수상
1989	한국생산성본부 '경영혁신부문 생산성대상' 수상
1990	주식회사 한국얀센 회장
1990	대통령 동탑산업훈장 수훈
1991	보건사회부장관상 수상
1991	벨기에 왕실 훈장 수훈
1993	사단법인 한국상장회사협의회 회장
1993	재단법인 보건장학회 이사장
1993	주식회사 유한양행 대표이사 회장
1996-2002	재단법인 유한재단 이사장
1996-2021	주식회사 유한양행 고문
1997	약업신문 '약의 상' 수상
1998	동작문화원 원장
2000	일가 김용기 선생 기념 일가재단 '일가상' 수상
2004	대통령 화랑무공훈장 수훈

참고 문헌

『경영자와 나』, 송기철 월간현대경영, 2012

『기업가 유일한에 관한 연구』, 황명수, 단국대학교출판부, 1974

『나라 사랑의 참 기업인 유일한』, 유한양행, 1995

『방관자의 시대』, 피터 드러커, 범우사, 1990

『성공한 창업자의 기업가 정신』, 김성수, 삼영사, 2007

『유일한의 기업가정신과 경영』, 노부호, 경영사연구, 2010

『유일한의 생애와 경영이념』, 황명수, 경영사학, 1994

『유일한의 생애와 사상』, 김형석, 올댓스토리, 2016

『유한오십년』, 유한양행, 1976

『위대한 선각자 유일한 박사』, 유한양행, 2016

『재벌의 뿌리 : 한국 최고 경영인 20인』, 박동순, 태창문화사, 1979

『전문경영인 연만희의 기업활동과 경영이념』, 박광서, 한국동서경제연구, 1997

『한국경영사연구』, 고승제, 한국능률협회, 1975

<표지인물 - 연만희 보건장학회 이사장>, 월간현대경영, 2021년 5월호

<연만희 유한양행 고문, 김동기 대한민국학술원 회원 대담>, 월간현대경영, 2015년 7월호

<내가 아는 유한양행 언만희 고문님 - 혁신 DNA의 경영자>, 이코노믹톡뉴스, 2015년 9월

그 외 《경제풍월》, 《신동아》, 《월간조선》, 《월간중앙》, 《월간현대경영》 등

"공적인 기억으로 유일한 박사를 모시겠습니다."

2015년 크리스마스, 가족과 함께.

지은이 연만희는 1930년에 황해도 연백군에서 출생했고, 고려대학교 경제학과를 졸업했다. 유한양행
        사장과 회장, 유한재단 이사장, 유한양행 고문, 보건장학회 이사장 등을 역임했다.

엮은이 연만희회고록발간위원회는 연태경, 연태옥, 연태준 등 가족과, 편집위원으로 박동순, 채영희
        등《월간현대경영》편집인이 운영위원으로 참여했다.

리스펙트 유일한

초판 1쇄 인쇄일 2023년 11월 15일
초판 1쇄 발행일 2023년 11월 30일

지은이 연만희
엮은이 연만희회고록발간위원회

발행인 윤호권
사업총괄 정유한

편집 이희숙 **디자인** 프롬디자인
발행처 ㈜시공사 **주소** 서울시 성동구 상원1길 22, 7-8층 (우편번호 04779)
대표전화 02-3486-6877 **팩스(주문)** 02-585-1755
홈페이지 www.sigongsa.com / www.sigongjunior.com

이 책의 출판권은 (주)시공사에 있습니다. 저작권법에 의해
한국 내에서 보호받는 저작물이므로 무단 전재와 무단 복제를 금합니다.

ISBN 979-11-7125-255-8 03320
정가 17,000원

*시공사는 시공간을 넘는 무한한 콘텐츠 세상을 만듭니다.
*시공사는 더 나은 내일을 함께 만들 여러분의 소중한 의견을 기다립니다.